EMERGE O MUERE

ISBN 978-607-98307-0-0

Derechos reservados:
D.R. © Carlos Cuauhtémoc Sánchez. México, 2018.
D.R. © Ediciones Selectas Diamante, S.A. de C.V. México, 2018.
Mariano Escobedo No. 62, Col. Centro, Tlalnepantla Estado de México, C.P. 54000.
Miembro núm. 2778 de la Cámara Nacional de la Industria Editorial Mexicana.
Tels. y fax: (55) 55-65-61-20 y 55-65-03-33
Lada sin costo: 01-800-888-9300 EU a México: (011-5255) 55-65-61-20 y 55-65-03-33 Resto del mundo: (0052-55) 55-65-61-20 y 55-65-03-33
Correo electrónico: informes@esdiamante.com
ventas@esdiamante.com

www.carloscuauhtemoc.com
www.editorialdiamante.com

Carlos Cuauhtémoc Sánchez

EMERGE O MUERE

1

Me pusieron esposas

Estoy detenido en un cuarto cerrado junto a las oficinas de ingreso al reclusorio. Pero sigo en las oficinas. Las paredes están hechas con paneles de yeso. No son herméticas. Escucho el ruido de personas hablando afuera. Mi cárcel temporal es de escasas dimensiones: cuatro metros cuadrados a lo sumo. Hay un escritorio viejo y una silla secretarial desvencijada.

El guardia abre mi puerta y ordena con sobriedad:

—Acompáñeme, doctor.

Voy tras él. Si yo fuese un prisionero peligroso, aprovecharía para atacarlo por la espalda. Pero no lo soy; y él lo sabe. Quizá hasta sienta lástima por mí.

Me hace pasar a una recepción cerrada a los costados y abierta al público a través de un mostrador. Si yo fuera un detenido proclive a la fuga, aprovecharía para saltar la repisa y salir corriendo hacia la calle. Pero no lo soy; y él lo sabe.

—Lo dejo unos minutos con su visita, doctor.

—Gracias, oficial.

Del otro lado del podio se encuentra Azul.

—Amiga —le digo—, gracias por estar siempre conmigo. En las buenas y en las malas.

Nota el enrojecimiento de mis muñecas.

—¿Te amarraron?

—Me pusieron esposas.

—¡Esto es injusto! ¡Increíble! ¿Quiénes se creen para tratarte así? Eres un médico cirujano importante. Tienes más educación que todos los que están en este edificio. Necesitas decir *tu verdad*.

—Para eso está mi abogado.

—De acuerdo, pero nadie puede abogar por ti mejor que tú mismo. Es uno de los principios que aprendimos —recita—: *lo peor que puedes hacer cuando alguien te ataca, es esconderte. Ningún representante podrá defender mejor tu nombre que tú. El valor que te distingue se llama prestigio. Igual que el dinero, te lo pueden robar. Igual que el dinero, lo puedes recuperar.*

Sus manos aprietan las mías con un fuerte temblor de azoramiento. Percibo en sus palabras exhortativas la frustración de alguien que no sabe cómo ayudar.

—¿Qué me sugieres, Azul?

—Explícale al mundo lo que sucedió, desde tu perspectiva. Yo testificaré a tu favor. Y mi palabra tiene peso. Pero no soy tan elocuente. Tú sabes expresarte desde el fondo de tu corazón sin perder la objetividad. Es un don peculiar —me acaricia el brazo—. Solo vine a eso. A pedirte, a suplicarte que escribas tu versión de los hechos; relata por lo que has sufrido los últimos meses. Incluso lo que has aprendido. Pronto se definirán las cosas, y te darán el derecho a declarar.

Observo a mi amiga. El reborde de sus párpados se ha colmado de lágrimas contenidas. La plataforma del mostrador me impide abrazarla, pero no me impide tomar sus manos para llevarlas a mi boca y besarlas.

—Está bien, Azul. Voy a hacerlo.

—Traje tu libreta de apuntes, y el libro con el resumen del programa. No sé si vas a estar aquí detenido dos días o cinco más, ¡pero aprovecha este tiempo, por favor! Estudia, escribe. Mientras tanto nosotros seguiremos trabajando con los abogados. Espero venir pronto a traerte buenas noticias.

—Gracias, amor. Aquí te espero.

2

Todo puede complicarse

Sentado en el sillón de mi oficina permanecí estático mirando el documento y tratando de recuperar al menos el reflejo natural de la respiración.

Me habían acusado de homicidio.

Estaba siendo procesado bajo caución, y ahora, el juez había ordenado que, de manera temporal, me fuera retirada la custodia de mi hija.

No podía asimilarlo. Ni aceptarlo. Volví a leer el penúltimo párrafo de la sentencia provisional tratando de encontrar algún resquicio de anacronismo.

Mediante pliego consignatorio en el que se ejercitó *acción penal* en contra de Benjamín José Benítez Calvo, por su probable responsabilidad en el delito de HOMICIDIO DOLOSO de su señora esposa, Julia Soberón Domínguez, y encontrándose en investigación su posible inestabilidad emocional, el presente Juzgado de Primera Instancia, dicta la orden de retirarle provisionalmente al procesado la custodia de su hija menor Mari Jose Benítez Soberón.

Una comisión de fuero familiar, acompañada por representantes de Derechos Humanos y policías, había ido a mi casa a recoger a la niña. Mi estrellita ahora estaría con su nana, en casa de mi suegra…

Sonó el teléfono de mi escritorio. Lo dejé repiquetear hasta que la llamada se extinguió. Seguía sin poder moverme. Poco después, alguien tocó a mi puerta. Tampoco contesté. Yésica se asomó, sigilosa.

—Lo busca el doctor Carlos Lisboa.

—Déjelo pasar.

Mi mejor (quizá único) amigo en el hospital entró a toda velocidad.

—Benjamín —me dijo—, te están esperando. La asamblea para dictaminar tu licencia de médico está por comenzar.

—Ya no me importa. Mira esto.

—¿Qué es?

—Me quitaron a mi niña.

—¿Cómo? ¿Por qué? —Lisboa razonó tratando de apaciguarme—. Cuando uno de los padres falta, el otro conserva la patria potestad de los hijos.

—No si el sobreviviente está acusado de homicidio y se considera emocionalmente inestable.

—Benjo. Buscaremos apelar. Siempre se puede hacer algo. Por lo pronto tienes que bajar al auditorio. Rápido. O todo se te puede complicar.

—¿Más?

—Sí. Más todavía.

Pero yo seguía anclado a mi silla y a mi dolor.

—¿Sabes a quién le asignaron la custodia de mi estrellita?, ¡a la mujer que me está demandando, y quiere meterme a la cárcel!

—Tu suegra cree que mataste a su hija.

Me puse de pie y encaré a mi amigo.

—No vuelvas a decir eso, ¿me oíste? Mi esposa murió en un accidente. ¡Y también el accidente fue por culpa de mi suegra!

—Benjo, tranquilízate. Tal vez tengas razón. Pero dentro de unos minutos te van a juzgar por algo completamente distinto. Algo de lo que solo tú eres responsable: nadie más que tú se equivocó en el quirófano.

Apreté los puños con rabia contenida. Algún día se sabría la verdad. Porque hasta mis errores en el trabajo médico provinieron de la distracción crónica que me produjo un matrimonio disfuncional.

—Vamos...

3

Eres idiota, pero no hagas idioteces

Conducía en carretera. En el asiento de atrás iba nuestra hija Mari Jose de nueve años, dormida. Le decíamos Ma-Jo o Majito. Una niña dulce, cariñosa, con una sed insaciable de amor. En el asiento de adelante iba mi esposa. Rubia, de ojos claros y cuerpo perfecto. Trabajaba como modelo de ropa, tenía una vida superficial y frecuentaba a amigos divos con los que yo no congeniaba. Aunque se llamaba Julia, le gustaba que le dijeran Barbie.

—Procuremos estar contentos, Barbie —le sugerí—; hicimos este viaje para darle oxígeno a nuestro matrimonio.

—¿Y entonces por qué diablos invitaste a la nana?

—Ya sabes. Para que cuide a Majito por las noches; así podríamos salir a cenar o a bailar.

—No me hagas reír, Benjamín. A ti no te gusta bailar. Y Majito quiere más a la maldita nana que a mí.

—¿Por qué crees? —eché leña a un fuego que convenía sofocar—. ¿No te has dado cuenta de que la nana cuida y protege a la nena desde que nació, mientras que tú solo la maltratas?

—No digas estupideces, Benjamín. Yo no la maltrato. La educo.

—Es una niña con discapacidad.

—¿Y qué? ¿Por esa razón vas a dejar que sea una malcriada? ¡También a los niños con discapacidad se les instruye! Pero su padre es un pelele que nunca le dice nada, y después de trabajar prefiere llegar a platicar con la nana.

—Cálmate, Julia.

—No me calmes, carajo. Y no me digas Julia. Tú eres amante de Ada. Por eso la traes a todos lados.

Esto sobrepasaba mi entendimiento. ¿Por qué una mujer con un físico tan bello (aunque no podía decirse lo mismo de su alma) podría estar celosa de una enfermera veinte años mayor?

—Ada es una buena mujer, que ama a nuestra hija.

—Dile que se regrese. ¡No la quiero en este viaje!

—¿En qué te afecta, mujer? Viene manejando su propio auto. Y va a dormir en una habitación separada. No te va a estorbar, pero en cambio, si se ofrece, te puede ayudar.

Mi esposa subió el volumen de la voz.

—¿Se supone que no tenemos dinero y le vas a pagar a la nana hotel, viáticos y sueldo?

—¡Sí! Es un seguro de tranquilidad. Y los seguros cuestan. Tengo miedo de que te exasperes con Majito.

—Otra vez la burra al trigo. La niña llora conmigo porque yo le exijo que se esfuerce más y se comporte bien.

—Tiene síndrome de Down.

—¿Y eso qué? Deja de justificarla. Mejor ayúdala a ser más funcional. ¿Cómo vamos a lograr avances, si siempre está, en medio, la nana consentidora?

Escuchamos un sollozo en el asiento de atrás. Majito se había despertado y había caído en la cuenta de que ella era el motivo de nuestra pelea.

—Duérmete, estrellita —le dije.

—¿*Dónde ta Ada*? —preguntó con su particular pronunciación dificultosa—. *Me quiedo i con Ada.*

—¡Te lo dije, Benjamín! Deshazte de esa criada que viene siguiéndonos.

Disminuí la velocidad y detuve el auto.

—¿Por qué te paraste?

—Voy a hablar con ella. Es lo que quieres ¿o no?

—¡Pero busca un lugar seguro! Aquí es peligroso.

Ada detuvo su auto compacto detrás del nuestro y se apeó para preguntarnos si todo estaba bien.

Bajé la ventanilla y le dije:

—¿Puede llevarse a Majito en su coche? Mi esposa y yo estamos un poco alterados.

La niña comenzó a gritar el nombre de su nana, pidiéndole los brazos. Quité los seguros. Ada abrió la portezuela y comenzó a desabrochar el cinturón de Majito.

—No te atrevas a tocar a mi hija —le dijo Barbie—. Déjanos en paz. Estamos arreglando un asunto familiar.

Ada volteó a verme, apremiada por rescatar a la niña, pero sin saber a cuál de sus patrones obedecer.

—Déjenos un momento, por favor.

La nana asintió con un rostro ensombrecido por la angustia, cerró la puerta despacio y volvió a su auto. Majito gritó y berreó con todas sus fuerzas.

—¡Ya cállate, niña! ¡Y tú acelera, carajo! —Julia-Barbie me dio un golpe en la nuca con su mano abierta—. ¡Ándale! Estás en medio de la carretera rural ¡porque no te alcanzó para las casetas! Aquí pasan muchos camiones. Alguno se va estrellar con nosotros. ¿Se te acabó la gasolina o quieres que maneje yo?

Sí. Se me había acabado la gasolina. Y sí. Quería que manejara ella... O mejor dicho, que siguiera haciéndolo. Yo ya no tenía ganas de nada. Mi naturaleza introvertida había derivado en desmoralización enfermiza. Alcancé a protestar:

—Me quitaste las ganas de viajar.

A Julia-Barbie le gustaba reñir dando garrotazos. Yo solía recibir sus reclamos con la indiferencia de quien vive junto a las vías y escucha el ruido reincidente del tren. Pero esa vez sentí que mi sangre se calentaba.

Murmuré:

—Yo soy doctor y creo saber lo que tú tienes; se llama *trastorno límite de la personalidad*. Necesitas atenderte.

—No me estés diagnosticando, aquí no eres médico, eres mi marido.

—A ver —caí en su juego—. Te traigo de vacaciones. Busco tener tiempo libre para ti. Hago lo mejor que puedo por mi familia.

—¿Esto es lo mejor que puedes? ¿Vacaciones en un pueblo cerca de la ciudad para no gastar en avión?, ¿viajar en una carcacha vieja? ¿Tiempo libre porque te estás escondiendo de la policía? Benjamín, eres un cirujano fracasado. Cometiste negligencia médica. ¿En qué rayos pensabas? Te van a quitar la licencia. Te van a vetar. Ni siquiera tu papá te va a poder contratar. Y no vas a tener dinero ni para pagarle a la enfermera. Porque el dinero que teníamos lo perdiste en la bolsa de valores; no sabes invertir. Eres un pésimo administrador, un pésimo doctor. Un pésimo hombre.

El resumen de mi esposa era certero. Y cruel. También repetitivo. Podía componer el *himno al marido fracasado*. Siempre usaba los mismos versos. Pero esa vez me provocaron un efecto inverso al habitual. Mi sangre siguió subiendo de temperatura y comenzó a quemarme las arterias. Resoplé como un toro de lidia que está a punto de romper los maderos del redil.

Majito logró desabrocharse el cinturón, abrió la puerta, salió y echó a correr. Por fortuna no venía ningún auto en la carretera.

Julia saltó de su asiento y fue tras la pequeña. La tomó del cabello y la arrastró al coche de vuelta.

—Eres idiota —le dijo; no era una pregunta—. Pero no hagas idioteces. Te pueden atropellar.

—*Me quiedo i con Ada. Ya la vi. Está allá...*

—Pues no te vas a ir con ella, niñita. Yo soy tu madre y te acostumbras a mí.

Majito volvió a tomar la manija y quiso salir. Esta vez un camión de volteo nos rebasaba justo al momento en el que iba a abrir la puerta. Julia alcanzó a detenerla y la zarandeó.

—Te acabo de salvar la vida, estúpida —y comenzó a castigarla con una lluvia desmedida de golpes.

4

Cabe agregar

Dos reflectores se encendieron apuntando al escenario. Me cubrí los ojos. ¿Qué clase de humillación era esa? ¿Un circo romano moderno? ¿Los leones me devorarían ante la mirada insidiosa de mis colegas? El anfiteatro semicircular estaba lleno. Al frente había un podio de madera, una mesa de honor y una silla central, donde estaba yo, el acusado. Volteé a ver a la audiencia. Debían de ser más de ochenta médicos. ¿Qué hacían ahí, mirándome con morbo disfrazado de interés? ¿Acaso los pacientes de todos ellos habían decidido tomarse un receso?

—Buenos días —el doctor Olegario, detrás del podio, hacía las veces de coordinador—. Les damos la bienvenida a los magistrados del Cuerpo Colegiado de Médicos Cirujanos.

Fueron entrando uno a uno. Debían ser ocho o diez. La luz me deslumbraba. Olegario mencionó el nombre de todos, golpeó con el mazo, dijo la fecha y hora, y tiró a matar (a matarme).

—Hacemos la presente asamblea extraordinaria con el fin de analizar la viabilidad de que el doctor Benjamín José Benítez, aquí presente, pueda seguir ejerciendo como cirujano. El doctor Benítez enfrenta un cargo de negligencia médica por haber realizado una laminectomía en la vértebra lumbar equivocada, cortando, además, en exceso, las articulaciones facetarias, sin haber realizado la artrodesis instrumentada necesaria, provocando al paciente inestabilidad lumbar aguda; el paciente tuvo que ser operado de nuevo por otro cirujano, el doctor Avellaneda, para que le fuera extirpada la lámina vertebral correcta e insertadas placas metálicas entre los cuerpos vertebrales que el doctor Benítez lesionó.

Los asistentes dejaron de cuchichear y pusieron atención.

Olegario continuó, disfrutando la exposición de mis errores.

—Al hospital le fueron exigidos cien mil dólares como indemnización; cantidad que ya ha sido pagada en parte por el seguro. Sin embargo, el juez delegó a este Honorable Cuerpo Colegiado la decisión de retirarle, o no, la licencia al doctor.

Había quedado claro, pero Olegario añadió un "cabe agregar" totalmente innecesario.

—Cabe agregar, por otro lado, que el doctor Benítez estuvo involucrado en el accidente automovilístico en el que falleció su esposa, y está siendo procesado por el cargo de homicidio doloso. La investigación continúa; y mientras tanto, el doctor Benítez se halla bajo medida cautelar.

Se levantó una oleada de murmullos acusatorios. Los médicos se dieron cuenta de que pocas personas podían llegar a tener tantos y tan graves problemas a la vez. Solo me faltaba que la Pacha Mama decidiera lanzarme un rayo saliendo de ahí.

Volteé a ver el auditorio. Ni los magistrados del Colegio, ni mis colegas hipócritas, censuradores de todo el que se equivocaba (como si ellos jamás se equivocaran), me darían el indulto. Olegario hizo las veces de fiscal y me confrontó:

—¿Tiene algo que decir?

Hice lo más fácil e innoble. Culpar a otros.

—Las enfermeras, el anestesista y el cirujano asistente fueron quienes prepararon al paciente. Ya estaba todo dispuesto cuando yo llegué.

—¿Quiere decirnos que usted *no es responsable*?

—Quiero decir que *hay otros responsables*.

Carlos Lisboa pidió la palabra para defenderme:

—El Honorable Cuerpo Colegiado debe saber que el paciente del doctor Benítez padecía estenosis espinal. Tenía la raíz nerviosa comprimida en el espacio intervertebral cuya lámina el doctor retiró. Esto significa que es altamente probable que también necesitara el procedimiento en ese nivel...

El doctor Olegario refutó:

—Los estudios preoperatorios no indican eso... El doctor Benítez se equivocó de vértebra. Y además, se equivocó en el procedimiento mismo.

Ante la obviedad de una defensa perdida y despoblada, mi amigo Lisboa hizo el último intento de apoyarme.

—Muchos cirujanos ortopedistas llegan a tener un episodio de cirugía en sitio erróneo. El doctor Benítez no es el primero ni será el último...

—Entendido. Pasen por favor los siguientes testigos —leyó el nombre de enfermeras, ayudantes de quirófano y médicos que me conocían.

Los declarantes dijeron que mi equipo de preparación *no* tuvo la culpa de la cirugía mal hecha. Que el único responsable había sido yo. Algunos completaron: "quizá no revisó el consentimiento informado del paciente, ni la historia clínica", "se confundió de vértebra", "suele ser distraído", "olvida sus citas", "no mide sus tiempos", "tiene problemas personales", "después de su accidente en carretera está *como ido*", y Yésica, agregó: "pero es buena persona".

Olegario abrió el micrófono a la audiencia. Algunos colegas de especialidad me defendieron. Dijeron que yo era un cirujano sobradamente capaz, que a pesar de ser el más joven del grupo, tenía fama de ser muy bueno en el quirófano; algunos acotaron que, además, provenía de una familia de médicos con altísima probidad moral.

Después de las disertaciones, los directivos pidieron unos minutos para ponerse de acuerdo. Eché un vistazo a los colegiados. Lo pude detectar: iban a acabar conmigo.

5

Llámeme, esto tiene solución

Después de una larga pausa, Olegario volvió a tomar el micrófono. Casi no lo escuché.

—Doctor Benítez —anunció—, el jurado está listo para emitir su dictamen.

Lisboa me tocó el hombro instándome a bajar los brazos y a destapar mis oídos. Lo hice despacio.

El doctor Avellaneda, director del hospital, tomó la palabra. Avellaneda era un médico cincuentón, miope, calvo, de voz aniñada y carácter glacial.

—El Honorable Cuerpo Colegiado de Médicos Cirujanos —comenzó— ha analizado que el doctor Benítez ha caído en una rutina depresiva perniciosa, y la ansiedad postraumática por el accidente vehicular que sufrió le ha ocasionado un estado crónico de incuria —hizo una pausa antes de dar la noticia—. Por ello, hemos determinado y concluido que, hasta nuevo aviso, el doctor Benítez estará suspendido en la práctica de su ejercicio profesional —los asistentes se entregaron a un murmullo descarado—. La suspensión de su licencia, sin embargo, será temporal hasta que pueda demostrar que se ha estabilizado emocionalmente y ha resuelto sus problemas legales. En el ínter, se le conmina a participar en los programas de terapia centrada en soluciones del Centro de Entrenamiento Timing, filial del Hospital P. Adams; específicamente en los módulos de productividad personal. Aunque el doctor deberá abandonar su consultorio en la torre de especialidades en un plazo de veinticuatro horas, podrá trabajar dando consulta de medicina general y brindando asistencia en el pabellón de urgencias —

no pude evitar una sonrisa de aflicción; así de simple; me habían degradado a enfermero e iría al psicólogo—. Una vez que tengamos noticias fehacientes de su rehabilitación emocional y legal, volveremos a sesionar para revisar la posibilidad de reactivar su licencia y su consultorio en la torre de especialidades —tomó una bocanada de aire para dirigirse a mí—. ¿Está todo claro, doctor?

Me encogí de hombros. En verdad me daba igual. Eso era humillante. Quise responder "váyanse todos ustedes a la mierda", pero el peso de tantas miradas me generó una culpabilidad añadida. Abrí la boca para hablar. Mi voz sonó afónica y tenue. Casi imperceptible.

—¿Qué tengo que hacer?

Avellaneda llamó al frente a una mujer que había estado sentada en primera fila.

—Le sugerimos que se reúna, después de esta sesión, con la directora del Centro de Entrenamiento Timing. Ella podrá orientarlo sobre los diversos programas. —Dio un golpe con el mazo—. Doctores, directivos, gracias por su asistencia. Se levanta la sesión.

Los médicos salieron en tropel como si hubiesen recordado de pronto que había gente enferma en el mundo. Por mi parte no tuve energía para moverme. Me quedé sentado en la silla de los acusados un rato más, con la cabeza agachada; afrentado, humillado, enojado.

La directora de terapia alternativa de no sé qué diablos se paró frente a mí. No levanté la mirada. Solo vi sus zapatos marrones de tacón bajo.

—Doctor Benítez —me entregó una tarjeta—. Por favor, llámeme; esto tiene solución.

Los zapatos marrones se fueron, y se acercaron unos mocasines negros.

—Te invito a comer —dijo una voz fuerte, autoritaria, conocida.

Era mi padre. Fundador de esa clínica. El ícono a quien todos respetaban. Yo estaba muerto en vida y los muertos no tienen emociones, pero a mí me quedaba una: odio contra él.

—No. Gracias.

—Vamos a comer —ahora era una orden—, te espero en el restaurante de la terraza. No tardes.

6

Trending topic

Como si fuera un discapacitado (de alguna forma lo era), Carlos Lisboa me ayudó a levantarme.

—Vamos. Te acompaño. ¿Quieres comer con tu papá?

—No… Voy a mi consultorio. Ya oíste. Tengo que limpiarlo para entregarlo mañana.

Caminé por los corredores del hospital junto a mi amigo, percibiendo el paroxismo de muchas miradas fisgonas (o la creencia obsesiva de que todos me veían y se burlaban). Quería desaparecer cuanto antes. Que me tragara la tierra.

Llegamos a mi oficina, y fui directo al escritorio. Lisboa me pidió la tarjeta que me dio la directora del Centro de Entrenamiento Timing, y se puso a indagar en internet. Después de unos minutos, dijo, asombrado:

—¿Ya viste? Cada vez que pongo el nombre de la fundación Hospital P. Adams, sale como *trending topic* este centro. Pareciera que lo más destacado que tuviéramos en este momento, fuera justo la filial de terapia breve centrada en soluciones —Lisboa seguía navegando en la red—. Ahora entiendo —complementó como pensando en voz alta—. La directora del centro ha entrevistado a varios líderes internacionales. Políticos, empresarios, escritores, e *influencers*. También ha participado en foros mundiales para presentar los programas que se dan aquí. Mira. Hay muchos testimonios. «Los directivos de nuestra empresa tomamos la terapia breve centrada en soluciones del Centro Timing y el ambiente de trabajo cambió radicalmente; la productividad se elevó y todos comenzamos a crecer». Otro: «El Programa *Enfoque a resultados* fue un parte aguas en mi vida personal y laboral». Y otro. «*Enfoque a resultados* es una revolución en el entrenamiento del cerebro para la prosperidad personal y financiera». Y siguen. Hay cientos... —continuó indagando—. Pero a ver. ¿Qué es la *terapia breve centrada en soluciones*? Me voy a la fuente más simple: Wikipedia: «Es un nuevo modelo de terapia que busca solucionar problemas de manera rápida, eficiente y sin dolor. En contraposición al psicoanálisis tradicional, cuyo enfoque se basa en el pasado, la terapia breve se enfoca en el "aquí y ahora". Si bien implica tratamientos más cortos, no significa que sea sencilla. Se concentra en cambiar de una forma de pensar lineal (causa-efecto) a una forma de pensar sistémica (sistemas, subsistemas y sus interacciones)».

Interrumpí a mi amigo.

—Lisboa, perdóname. No te estoy escuchando. Sé que quieres ayudarme, pero mejor consígueme un bote de basura.

—Benjo. Esto es muy interesante. Se trata de un diplomado con varios temas. A ti solamente te están pidiendo los módulos de productividad personal. No pierdes nada y puedes ganar mucho.

¿Qué le sucedía a Lisboa? ¿Por qué no paraba de hablar?

Dejé de ordenar mis papeles y lo observé.

Mi amigo estaba decidido a hacerme sentir esperanza. Su terquedad me causaba simpatía; era bueno saber que, en pleno diagnóstico de desahucio, había alguien a quien le interesaba alargarme las horas de vida (para después, tal vez, acompañarme a la tumba).

—A ver... qué encontraste.

—La introducción de la página.

Leyó en voz alta la publicidad del portal.

ENTRENAMIENTO M.E.R.

Mente enfocada a resultados, es un programa que desafiará tus logros, y te enseñará a generarlos con más eficiencia. Enfocará tus pensamientos y acciones; organizará tus metas y prioridades; te hará una persona agresivamente decidida en tu competencia profesional, y te enseñará nuevos hábitos de alta productividad..

Nuestro entrenamiento se basa en el marco teórico del Método Timing. Útil para empresas, pero también para individuos; porque solo los trabajadores enfocados en resultados pueden hacer crecer a las organizaciones.

Si tomas el entrenamiento M.E.R., aprenderás a ganar más dinero, elevarás tu prestigio, conseguirás que tu grandeza se vuelva obvia, vivirás con más pasión; con más alegría; con más eficiencia. Demostrarás quién eres, saldrás del anonimato; emergerás desde el fondo, te harás visible; modificarás tus resultados y harás que cambie la percepción que el mundo tiene de ti. En una palabra, *resurgirás.* Esa es nuestra promesa.

Lisboa terminó de leer. Me parecía remarcable que un médico cirujano de su investidura tuviera tanto interés en ayudar a su colega condenado.

—Gracias, amigo —le dije—, pero todo esto me parece una tomadura de pelo—. Me burlé del texto, tratando de deslustrarlo—. «¡Regurgitarás! ¡Es nuestra promesa!, aunque te estés ahogando, flotarás como bolsa de basura, ¡lo juramos por nuestra madrecita santa!». ¿No te das cuenta, Lisboa? Así es fácil prometer. Si un cirujano como nosotros se equivoca, lo lapidan de inmediato, pero si un psicólogo hace mal su trabajo, ¿qué pasa? ¡Nada! La culpa será del paciente, porque de seguro, al infeliz, no le dio la gana poner de su parte.

Mi refutación lo desanimó. Me miró con tristeza. Su gesto apenado recapitulaba todas mis desgracias: la muerte de mi esposa, la pérdida de la custodia de mi hija, la cancelación de mi licencia como cirujano, el peligro de ser inculpado como homicida.

—Lo siento mucho, amigo...

Se puso de pie y me dio un fuerte abrazo. Cerré los ojos y percibí la inminencia de las lágrimas. No quería llorar. No frente a él (ni frente a nadie); siempre había mantenido una apariencia de inmutabilidad.

—Gracias —le dije después.

—¿Qué puedo hacer por ti?

—Ya has hecho mucho. Déjame solo un rato.

Cuando se fue, cerré con llave mi oficina, fui a mi escritorio, descolgué el teléfono, me senté y, entonces sí, lloré.

7

Vamos a morirnos de una vez

Mi esposa comenzó a golpear a nuestra hija en el auto, repitiendo:

—Te acabo de salvar la vida. Eres una desobediente.

Me exasperé y le grité:

—Detente. ¡Por Dios! No le pegues a la niña.

—Tiene que aprender a obedecer.

Majito quiso defenderse interponiendo los brazos y manoteando; en uno de esos movimientos desesperados le pegó a su madre. Barbie se enfureció aún más al sentir la ofensiva y le propinó un derechazo directo a la boca. La nena gritó cubriéndose la cara. Pero ya era tarde. Tenía el labio reventado. Lo más increíble fue que Barbie no se detuvo. Había perdido el control. Siguió golpeando. La así del brazo y ella viró su encono para arañarme. La niña gritó:

—*Tengo sangue. ¡Me está saliendo sangue!*

Yo solía escaparme de las embestidas de mi mujer como perro que huye con la cola entre las patas, pero esa vez la enfrenté. Mis venas hervían y la adrenalina del toro refrenado con métodos inhumanos había estallado en un arranque de violencia sin precedentes. La tomé con mucha fuerza y alcé la mano con intenciones de darle una bofetada. Me detuve a tiempo.

—¡Poco hombre! Vas a pegarle a una mujer. Atrévete y te voy a demandar.

Quise gritar. Pero tenía la garganta atenazada. Al fin logré pronunciar:

—¡Y tú le pegas a nuestra hija! ¡Desde que nació nunca la aceptaste, porque es especial!, ¡ni siquiera la entiendes!

—No digas babosadas. Al único que no entiendo y no acepto es a ti. Tu vida fue un error desde el primer momento. Si no hubieras nacido, tu mamá seguiría con vida.

—¡Cállate!

—Por eso tus hermanos nunca te quisieron, ¡y nunca te perdonaron!

Ella sabía lastimarme. La muerte de mi madre por preeclampsia era la fibra más sensible que podía tocar en mí. Levanté ambas manos como garras ofensivas. Esta vez sí las usaría. Por fortuna (o por desgracia) en ese momento Ada abrió la puerta de atrás y sacó a Majito del auto. Nuestra pequeña abrazó a su salvadora llenándola de besos. En cuanto la niña estuvo segura, arranqué el auto y aceleré, enceguecido.

—Vamos a morirnos de una vez. Los dos.

Lo dije para intimidarla pero, quizá, en el fondo lo deseaba. Derrapé en una curva y en la recta alcancé los ciento ochenta kilómetros por hora.

—¿Qué tal mi carcacha vieja?

—¡Frena! ¿Qué te pasa?

Solo yo llevaba cinturón de seguridad. Barbie se lo había quitado para pelear con nuestra hija.

Alcancé al camión de volteo que ronroneaba pesadamente sobre una loma. Lo rebasé sin importarme la falta de visibilidad que me imponía el altozano. En el carril contrario venía una miniván roja. Nos lo encontramos de frente. Es prodigiosa la forma en que el cerebro se espabila al momento de un accidente, haciendo que todo alrededor parezca en cámara lenta. Mi esposa gritó, las llantas de los vehículos rechinaron. El conductor de la miniván abrió los ojos al máximo. Los dos íbamos a exceso de velocidad. Él optó por pegarse al camión y restregar el costado de su camioneta contra el volteo provocando un estruendoso ruido de metales haciéndose añicos. Vi que la defensa de la miniván se incrustaba en la de mi auto y di un volantazo desesperado para evitar el choque frontal; lo logré. Pero nos volcamos; la velocidad extrema nos hizo girar una y otra vez. Debimos dar tres, cinco, tal vez siete vueltas. Los vidrios se hicieron añicos. Las llantas volaron. El auto se desbarató. La miniván roja también se volteó. Todo se puso negro. Perdí la conciencia. Cuando desperté estaba en la ambulancia.

8

Bravo, bravo, celebremos

Alguien tocó a la puerta de mi oficina. Me limpié la cara y caminé para abrir. Era mi asistente.

—Disculpe, doctor. Tiene descolgado el teléfono... Su padre llamó. Dice que sigue en el salón privado de la terraza.

Miré el reloj. Mi papá llevaba más de una hora esperándome.

—Gracias, Yésica.

Casi como autómata, procurando no pensar, crucé los enormes pasillos blancos del hospital. Subí al elevador infestado de médicos y pacientes. Oprimí el botón del último piso. Llegué al restaurante. Pasé de largo por el recibidor. El encargado de asignar lugares trató de detenerme, pero me reconoció y pidió una disculpa. Fui con decisión hacia el área exclusiva del fondo, donde había un recinto privado, separado por canceles de vidrio. La sala tenía cuatro mesas cuadradas que podían ensamblarse para conformar una sala de juntas ejecutiva. Esta vez estaban separadas; solo una persona se hallaba sentada junto a la esquina encristalada del edificio. Mi padre. De espaldas, parecía extasiado en la contemplación de un avión que se inclinaba para alinearse a la pista del aeropuerto. Su cabello había comenzado a ralearle en la coronilla, pero sus hombros anchos y sus antebrazos fuertes evidenciaban el cuerpo de un hombre que supo llegar dignamente a la madurez.

Me senté junto a él.

—Hola, papá.

No devolvió el saludo. Habló con la vista perdida, como si tratara de adivinar formas extrañas en el horizonte.

—Esas nubes parecen dos rodillas.

—Mmh.

—Las rodillas son estructuras anatómicas simétricas y pareadas, a menudo sin evidencias externas de patologías.

—¿Perdón?

—Cuando inicié mi carrera de cirujano, cometí un error de lateralidad.

—¿Tú?

—Sí... Realicé una artroscopia en la rodilla equivocada —la confesión era incongruente con su investidura—. El paciente se dio cuenta de que estábamos manipulando la pierna sana y preguntó por qué... Levanté el bisturí y todos en el quirófano nos miramos alarmados. El anestesista le dijo que necesitaba calmarse y lo sedó. Las enfermeras y médicos comenzamos a discutir. ¿Quién omitió la revisión de los protocolos preoperatorios? ¿Quién hizo la incisión sin ver el consentimiento informado? Al final, como siempre, el único culpable es el cirujano. Pero estábamos en un hospital rural; el paciente era un hombre sencillo; le suturé ambas rodillas y le pedimos una disculpa... No pasó a mayores.

—¿Por qué me cuentas eso?

—Porque el doctor Lisboa tenía razón. A un alto porcentaje de los ortopedistas nos pasa algo así alguna vez en la vida.

Si pretendía generar algún tipo de vínculo empático con su confesión, logró todo lo contrario. Me enfurecí.

—¿Y por qué no me defendiste hoy? Mejor aún, ¿por qué no me ayudaste a minimizar mi error antes de que se convirtiera en un escándalo? Pudiste hacer algunas llamadas telefónicas para protegerme. ¡Pudiste evitar este circo!

Abandonó las contemplaciones del cielo y me encaró con esa mirada cetrina que aún conservaba un acento intimidante.

—A ver, Benjamín. Tú jamás me dijiste lo que habías hecho. Yo me enteré por los noticieros. Y después, claro, por la maldita demanda millonaria que nos llegó. Este es un hospital privado de alta gama. Y el paciente a quien afectaste es un hombre poderoso.

—Exacto —lo interrumpí—, tú te equivocaste con un paciente pobre de hospital rural, y arreglaste el error disculpándote. Pero yo me equivoqué con un millonario ¡y ahora quieren mi cabeza! ¿Lo ves? El que tiene poder es capaz de poner en jaque a una gran institución, pero el desdichado debe conformarse con una palmada en la espalda. El sistema social privilegia a algunos y denigra a la mayoría. Pero todas las personas valemos lo mismo. ¿No crees?

Suspiró.

—Ay, hijo —esta vez esbozó un gesto de preocupación clemente, como la del padre cansado de regañar a un niño necio que se niega a entender lo que conviene—, en la naturaleza hay abejas reinas, obreras y zánganos; en las manadas hay animales alfas, betas y omegas; en la guerra hay soldados, sargentos, tenientes, capitanes, coroneles y generales. ¿Por qué? ¿Por la suerte? ¡Piensa, por favor! ¡Los individuos más preparados, fuertes o inteligentes están arriba en las jerarquías! ¡Y por ende, tienen más poder! Es una ley natural tan infalible que si alguien quisiera abolirla tendría que matar a millones de personas como lo hicieron Mao Tse Tung y Stalin. Sin duda todos los seres humanos valemos lo mismo, ¡claro!, pero no todos somos iguales, ni podemos tener o dar lo mismo. Un premio vale por *quién* te lo da. Y un error se juzga por *a quién* perjudicas. Yo fallé en el quirófano con un soldado raso; tú lesionaste a un general. Hay una gran diferencia. Hemos capoteado el problemón que originaste para salvar tu pellejo y el del hospital.

Entendí lo que trataba de decirme, pero no dejaba de asombrarme su pragmático cinismo.

—¿Y tuviste que permitir que me pusieran en ridículo? ¡Me quitaron la licencia de cirujano y me mandaron a trabajar como enfermero, para que una señora que jamás ha estado en un quirófano me dé unas clasecitas de cómo ejercer mi profesión!

—Hijo, entiende: hoy, en el auditorio, tal vez ni te diste cuenta, había representantes del Ministerio Público, la Fiscalía y el demandante mismo, ¡como observadores legales, avalados por un juez! Aunque estabas condenado, te dieron una salida. ¿Eres tan ciego que no lo ves? ¡Tienes una salida, carajo! Créeme... lo que ocurrió hoy fue todo un éxito.

—Bravo, bravo. Celebremos.

Movió la cabeza. Se levantó de la mesa apoyándose con sus manos enormes; más que las manos de un cirujano retirado parecían las de un campesino que hubiera labrado su propia tierra.

—Ahora vuelvo... Esta maldita próstata no me deja en paz.

—Deberías operarte.

—Sí, ya lo sé, pero en casa del herrero...

Su alusión al refranero reforzó mi molestia. Había más que cinismo detrás de su actitud: era la postura de un hombre poderoso cuyos aciertos habían sido tan abrumadores, que ahora podía equivocarse (o presumir sus equivocaciones) sin ser castigado.

Contemplé el cielo con un nudo en la garganta.

9

Silencio

En mi juventud fui buzo de apnea estática. Viví en la costa. Amaba ir al mar, sumergirme y permanecer bajo el agua por mucho tiempo. Usaba un cinturón de plomo. Me sentaba en el fondo, cerraba los ojos y me concentraba en el silencio; aprendí a disminuir mi ritmo cardiaco para usar la menor cantidad de oxígeno. Rompí varios records de apnea. Llegué a aguantar hasta siete minutos sin respirar. Luego nos mudamos a la ciudad y dejé de bucear. Pero quedé marcado para siempre por la paz absoluta del silencio bajo el agua.

Desde entonces, cuando tengo problemas, emulo mi deporte de juventud: guardo la respiración, cierro los ojos y me tapo los oídos. Yo no funciono con ruido.

Me gusta el silencio. Incluso he hecho estudios sobre sus bondades.

Mi trabajo ha sido regalar salud. Y salud es silencio. Así de simple y así de profundo. Amo esta definición. *La salud es el silencio del cuerpo.*

De igual forma, concibo el éxito como silencio. El silencio de una conciencia tranquila que nos permite dormir como bebés; el silencio de una familia apacible en la que no hay gritos o reclamos; el silencio de un trabajo que se realiza con una sonrisa, sin mirar el reloj.

Estuve en la cima alguna vez. En silencio. Sin hacer aspavientos. Pero fue un triunfo efímero, porque muy poca gente piensa como yo. Acabé siendo rechazado... y el rechazo me llevó al despecho.

He recibido presión y ataques desde muchos frentes: mis hermanos, mis colegas, mis pacientes.

Estuve en la cima… Ahora estoy en el hoyo.

He caído… Y lo primero que se daña cuando caemos es la economía… Luego, la salud y la familia… Y con el daño se acaba el silencio. El cuerpo grita. La conciencia grita. La gente (nos) grita…

10
Sí, es mi sala VIP

Mi padre regresó a la mesa escoltado por dos asistentes. Se dejó caer sobre la silla, encaró el horizonte y comenzó a hablar con fuerza. Si un desconocido lo hubiera oído, sin mirarlo, jamás se hubiera imaginado que estaba escuchando a un hombre de setenta años. Su voz, como de locutor, se mantenía inextinguible.

—Hijo. Vamos a poner las cosas en claro, y escúchame; deja de taparte los oídos, por favor —acomodó la servilleta de tela sobre sus piernas cual si se dispusiera a comer—. Voy a ser franco; espero que no te moleste: desde joven has sido introvertido. Te encantaba pasar horas sumergido en el agua para esconderte de no sé qué. Estudiaste a regañadientes la carrera de medicina, siempre protestando contra las instituciones y los poderosos, siempre cantando canciones de trova cubana con tu guitarrita. Te metiste con una mujer hermosa, que vio la oportunidad de integrarse a una familia millonaria y se embarazó para obligarte a que te casaras con ella, ¡pero se encontró con la sorpresa de que su marido no era rico en realidad! Que era un debilucho, soñador (pero no hacedor), que agachaba la cabeza y se tapaba los oídos cuando ella le gritaba. Desde niño has sido así. Ahora no tienes dinero, no tienes familia, tu prestigio está destrozado, y sigues sin darte cuenta de que el problema eres tú, no yo, ni el sistema, ni tus hermanos... Con eso de que amas el silencio y la parsimonia, te has negado a competir, no has querido ganarte el derecho de volar en primera clase y usar salas VIP. Y no me malentiendas... yo, igual que tú, creo en la dignidad de los seres humanos y que todos valemos lo mismo como personas, ya te lo dije; pero también creo que, con el tiempo, de manera natural, se van quedando atrás quienes se preparan menos, trabajan menos y hacen menos. Tienes treinta y ocho años; eres un gran cirujano ¡joven! Me duele lo que te ha pasado. Pero debes reaccionar y aprovechar la oportunidad que te están dando.

Ahora era yo quien había optado por contemplar las nubes del horizonte. Susurré:

—Quiero irme.

—¿Quieres irte? ¿A dónde?, ¿a Cuba?, ¿a Venezuela?, ¿a las profundidades del mar? ¿A alguna tierra de ensueño donde todos son iguales y nadie tiene que esforzarse por ser más que los demás?

—No te burles. Mi verdadera vocación siempre fue la música.

—No me hagas reír. ¿Vas a cantar en los autobuses? Ni siquiera tienes ahorros, Benjamín. Yo te entregué mi herencia anticipadamente. Igual que a tus hermanos. Y no quisiste invertir con ellos en la clínica de oftalmología que emprendieron, y que ahora es un éxito. Les dijiste que había mucho riesgo; que era muy difícil y estresante. ¡Y te fuiste por lo fácil! Preferiste poner tu dinero en manos de un vendedor con disfraz de asesor y perdiste todo en la bolsa de valores. En vez de reconocer tu error, te la pasas diciendo que el sistema financiero oprime a la gente común y que los ricos tienen mecanismos para hacerse más ricos aplastando a la clase media y a los pobres. ¡Por favor! ¡Eso lo puede pensar un comunista imberbe que fuma marihuana y se tatúa la estrella del Che, pero no un médico inteligente que ha estudiado en el extranjero! ¡Acaba ya con esa actitud conformista, ve hacia delante y levántate de tu caída! Solo cuentas contigo mismo...

Había logrado doblegarme. A pesar de ser septuagenario (o quizá por eso) patentizaba un poder abrumador. Tenía una historia remarcable. En su juventud se hizo famoso por un programa de radio en el que daba consultoría médica en vivo. Luego se asoció con grandes inversionistas y construyó una clínica de especialidades; tuvo la lucidez o la astucia para convencer a sus socios de donar todo a un fideicomiso no revocable con el fin de que las utilidades se reinvirtieran en el proyecto de salud. Eso lo eximió de deudas, le aseguró un futuro desahogado como presidente del Consejo, y ocasionó que la fundación se convirtiera en un hospital prestigiado de dimensiones monstruosas. Mi padre era un ganador. Y su hospital seguiría creciendo aunque él muriera.

—¿Ya viste? —comentó—. Es asombrosa la forma como se inclinan los aviones para enfilarse al aeropuerto.

Él había usado esa sala como oficina por décadas tanto para cerrar tratos financieros como para regañar a sus hijos y nietos.

—Sí —contesté—. La vista desde aquí es hermosa... solo para personas VIP que pueden ver el mundo desde arriba.

Mi alusión izquierdista no lo arredró. En todo caso lo empoderó más.

—Yo construí este edificio... y sí, es *mi* sala VIP... Cuando gustes, considérate invitado.

Quise ponerme de pie, aventar las cosas, hacer un escándalo. Pero no tuve las agallas. Nunca las había tenido. Crecí en una casa donde mis tres hermanos mayores se conjuntaban para hacer travesuras y después negocios. Yo fui el menor, ignorado, afrentado, enfadado en lo secreto... Como le dije a mi padre, mi verdadera vocación fue la música; compuse más de cien canciones de calidad. Cualquiera de ellas pudo ser un *hit*, pero la vena artística estuvo vetada y censurada en casa. Y tuve que esconder la mía... Estudié la carrera de medicina para satisfacerlo a él. En el fondo, agradarle a mi padre siempre había sido mi anhelo frustrado.

—¿Qué quieres que haga? —pregunté.

—Llama a la directora del Centro de Entrenamiento Timing y toma la maldita terapia centrada en soluciones. Tú no estás enterado, pero nuestra Fundación ha invertido mucho en eso. Hace siete años creamos un equipo interdisciplinario con los mejores especialistas en psicoterapia, *coaching*, pedagogía y conducta. Conseguimos una directora comprometida y talentosa. Se diseñaron programas con lo mejor del mundo en esa materia; el más poderoso se llama M.E.R., Mente Enfocada a Resultados. Es un entrenamiento de varios módulos, ¡pero el jurado te pidió que tomaras solo los concernientes a productividad personal! Si los estudias a conciencia pueden darte nuevos derroteros para que te levantes moral, profesional y financieramente. Porque, reconócelo, Benjamín, tus malas decisiones te han puesto donde estás. ¡Tienes que recuperar a tu hija, ganar tu libertad total, restaurar tu licencia profesional y demostrarte a ti (y a tu suegra) de lo que eres capaz!

Me quedé frío al escuchar sus exhortaciones finales. Sobre todo la referencia deslizada a la madre de Barbie.

—¿Estás enterado de lo que ha hecho mi suegra?

—¿Cómo no voy a estarlo? Doña Julia fue mi asistente personal por años. Muy buena en su trabajo, pero insidiosa y traicionera. Siempre amable, coqueta y seductora. Sobre todo cuando estábamos solos. Tuvimos incluso un par de encuentros, digamos, inapropiados. Creyó que si me conquistaba llegaría a ser asociada del hospital y la Fundación. Es muy ambiciosa. Pero le puse un alto... Entonces te presentó a su hija. La modelo. Y caíste.

—Hoy es tu tarde de confesiones.

—Tú ya sabías todo esto. Solo estoy recapitulando. Ahora doña Julia te quitó a tu hija y trata de meterte a la cárcel.

—Ella quiere dinero, papá. ¡Solo eso! Deja de hacerte el desentendido y ayúdame.

Respiró despacio como dándose tiempo para organizar su respuesta.

—Ya nos acercamos a ella. No quiere dinero, hijo. Quiere quedarse con esto —movió la mano de forma circular abarcando con su gesto todo el edificio.

—Pues hazle una oferta... Si le callamos la boca, me devolverá a mi niña, retirará los cargos en mi contra y dejará de desprestigiarme en internet. Los comentarios difamatorios que publica a diario también te afectan a ti.

—A ver, hijo. Tú no mataste a su hija. ¿O sí? ¡Fue un accidente! Y lo vamos a demostrar. No le pagaremos a una extorsionadora. Y para tu conocimiento, estamos casi seguros de que ella no es la que publica comentarios en tu contra. Hay otro enemigo. Muy peligroso, por cierto, hacker experto. Que también ha hecho una campaña de desprestigio dirigida al director de este hospital. Avellaneda. Tú y él aparecen a diario en publicaciones vergonzosas. No hemos podido atrapar al maldito trol. Pero estamos trabajando en ello.

Observé un avión más que se inclinaba para tomar la pista. Era increíble que justo frente a nosotros se encontrara la ruta de aterrizaje internacional. Me imaginé dentro de ese avión. Pensé: ¡Cómo me gustaría vivir en aquellas épocas en las que no había internet y una persona podía mudarse de país para rehacer su vida con la certeza de que nadie de sus acreedores o enemigos pasados la encontraría!

Mi padre se puso de nuevo la servilleta de tela sobre las piernas y comentó:

—Me muero de hambre. ¿Quieres algo de comer?

11

Mi dosis de veneno matinal

A las cuatro de la mañana me levanté. Mi mente estaba enferma. Porque la salud es silencio ¡y había demasiado ruido en mi conciencia!

Casi como autómata fui a la computadora. Revisé las alarmas del buscador. Había programado avisos que me llegaban cuando alguien hablaba de mí. Encontré varios. Otra vez. Y otra vez mis detractores sanguinarios se desmandaban vomitando sobre mi nombre.

El blog de esa mañana tenía estilillo periodístico y estaba publicado en varios sitios de noticias. Era cruel:

El doctor Benjamín Benítez, ejemplo de oprobio y corrupción, ayer fue enjuiciado y condenado a abandonar la práctica de la medicina por el Cuerpo Colegiado de Médicos Cirujanos.

Los doctores y asistentes del Hospital P. Adams desenmascararon la falta de ética y capacidad del supuesto cirujano, aclarando que es impuntual, distraído, desobligado y descuidado en sus procedimientos.

También se informó en la junta pública que el doctor Benítez continúa bajo caución en el proceso penal que se le ha impuesto por la muerte de su esposa.

Horas después, el doctor Benítez mantuvo una larga charla con su padre en la que seguramente se pusieron de acuerdo para seguir delinquiendo. Pensamos que, como el cirujano vetado es hijo del director de la Fundación P. Adams, quizá obtuvo sus certificaciones, así como el permiso para realizar cirugías, sin contar con la pericia indispensable, apoyándose en influencias.

Apelamos a las autoridades para que se aboquen a la revisión de dicho hospital y a la vigilancia de que el doctor Benítez no pueda volver a ejercer en perjuicio de los pacientes que depositan su confianza en esa institución, cuya credibilidad ha sido fracturada.

El artículo, como siempre, estaba firmado por *El vigilante incansable*. Un enemigo anónimo que comenzó a acecharme años atrás. ¿Qué rayos vigilaba el cretino? (o *la* cretina).

Busqué el nombre de Avellaneda, director del hospital, y hallé otros reportes que también lo atacaban. Le decían *farsante*, *encubridor*, *mequetrefe* y *médico incompetente*. Todo porque avaló que yo pudiera tomar una terapia-entrenamiento y dejó abierta la posibilidad de que en un futuro se me devolviera la licencia. Las notas aseguraban que Avellaneda era un títere y que tanto él como yo debíamos ser expulsados definitivamente del oficio médico. Los ataques para Avellaneda estaban firmados por Juan Díaz, seguro un seudónimo del famoso "vigilante". ¡El trol en persona había asistido al auditorio y me había espiado en el restaurante con mi padre!

Estaba amaneciendo. Me puse traje de baño y caminé hacia el tanque de agua. En realidad era un foso para practicar apnea. Nadie entendía por qué lo construí. Mi esposa se burlaba mucho de mí. Era una pequeña alberca circular de dos metros de diámetro por cuatro de profundidad. El agua estaba tibia. Cuidaba mucho que todo funcionara; ese lugar era mi refugio secreto. Hice ejercicios de hiperventilación, me lancé de clavado y tomé el cinturón de plomo que siempre dejaba al fondo.

Cerré los ojos y disfruté el silencio. Tomé el tiempo. Lo hice por rutina. Años atrás, mi promedio eran siete minutos. Ahora cada dos y medio tenía que salir a tomar aire. De cualquier forma el ejercicio me devolvió la paz. Aunque también me entristeció, porque recordé a Majito. Mi nena. La última vez que hice apnea fue con ella. Mi estrellita con síndrome de Down y nueve años de edad había aprendido a aguantar la respiración casi un minuto. Lo mismo que un adulto.

Salí del tanque y fui a la ducha.

Llegué a la oficina con cajas vacías; Yésica se acomidió a escombrar conmigo los libreros y cajones. Es increíble la cantidad de cosas que uno puede acumular en diez años usando el mismo espacio.

Después de dos horas, concentrados y sin hablar, dejamos el sitio limpio. Me preguntó:

—¿Usted tiene idea de quién va a ocupar este consultorio?

—No, Yésica. Ya sabes que los médicos somos independientes y pagamos renta, pero el hospital da las autorizaciones para los especialistas de esta torre. Solo aceptan a los mejores. Por eso me voy.

—No diga eso. Usted es de los mejores. Se equivocó, pero nadie es perfecto. Yo lo aprecio mucho, doctor. ¿No me pueden transferir con usted? ¿Al consultorio que le asignen?

La miré unos segundos con cierto recelo. ¿Por qué si me apreciaba tanto, en el auditorio solo dijo "el doctor es una buena persona, pero a veces olvida sus citas"? ¡Claro que las olvidaba! ¡Para eso estaba ella!

—No tendré consultorio, Yésica. Trabajaré de manera itinerante en los cubículos de medicina general y enfermería.

—Lo siento.

—Será temporal.

—Oiga, no le quiero dar más preocupaciones, pero le imprimí, como siempre, las notas de internet que hablan de usted... Hoy salió una grande.

—Ya las vi. Fue mi dosis de veneno matinal. Guárdalas en la carpeta. Pasando a otro tema, hazme un favor. Comunícame con la directora del Centro de Entrenamiento Timing. No sé cómo se llama. Investígalo. Me dio su tarjeta y la perdí.

—Se llama Azul Massenet. Es famosa aquí. En internet hay muchos artículos que hablan bien... de ella.

—Por eso quiero conocerla. A ver si me pega su suerte.

—La comunico, doctor.

—Espera... ¿Cómo dices que se llama?

—Azul Massenet.

El nombre me cayó como una cubeta de hielos en la espalda. Yo conocía a esa mujer.

12

Como el músico de la meditación

¿Será posible? ¿Cuántas personas en el mundo se podían llamar así? No era un nombre común. Hice memoria; ella me entregó su tarjeta. ¿Por qué no la reconocí? Fue en el momento en que yo estaba en la silla de los acusados, tan avergonzado que no levanté la cara y solo miré sus zapatos marrones de tacón bajo. «Llámeme, por favor; esto tiene solución».

¿Eso sería una nueva estratagema de mi padre? ¡Pero mi padre no conoció a Azul! ¡Yo nunca la llevé a casa! ¡Ni siquiera mis hermanos se enteraron de mi profunda amistad con ella!

Mi teléfono de escritorio sonó. Respingué.

—Le dejo su llamada.

—Gracias, Yésica.

—Hola —era la voz de una mujer que podría ser cualquiera... permanecí en silencio para obligarla a hablar de nuevo y darme la oportunidad de oírla bien—, hola, hola —y bromeó—: Probando, probando.

Era ella. Su voz juguetona era parte de mis voces secretas del ayer.

—Azul Massenet —y agregué una de nuestras claves—. Massenet como el músico de la meditación...

—Hola, Benjo.

Ella fue quien me puso el sobrenombre. A veces incluso me llamaba Benjoben, jugando con mi apellido.

—¿Por qué no me dijiste que eras tú? —le reclamé.

—Ni siquiera volteaste a verme.

Hice cuentas. Tenía treinta y ocho años. Nos conocimos en la universidad a los veintiuno y nos separamos a los veintitrés... ¡Habían pasado quince!, sin embargo su voz sonaba como si la hubiese dejado de oír hacía apenas unos días.

—¿Qué estás haciendo en medio de esta tempestad, Azul? ¿Mi papá te llamó?

—No. Yo le llamé a él. Le recordé que el programa *Enfoque a resultados* es una escalera para salir de cualquier estancamiento profesional, y se lo ofrecí como posibilidad para el desahogo de tu caso...

—Ah, caray, ¿y tú cómo sabías de mi "estancamiento profesional"?

—Todos leímos las noticias de la demanda, y de la corte marcial. Que por cierto fue un espectáculo desmedido; como de la Inquisición. Yo estaba furiosa. No sé cómo lo permitieron.

—Había espectadores de otras instituciones. Las cosas son complicadas, Azul. Pero en fin —resoplé tratando de concentrarme en el objeto de la llamada—, tú les diste un formato novedoso para castigarme.

—No lo veas como un castigo —se escuchaba ligeramente mortificada—. Velo como una salida.

Otra vez la misma idea.

—Mi nombre y prestigio están irremediablemente acabados —(eso sin contar con *El vigilante incansable* que continúa dándole puñaladas a un cuerpo sin vida)—. Yo no voy a poder salir de esta.

—Te equivocas, Benjamín. Sí vas a salir. A nadie le va siempre mal. Ni bien. Todos sufrimos buenas y malas rachas. Tú estás pasando por una mala. Pero vas a dejarla atrás y las cosas se van a arreglar. Te lo aseguro.

—¿Tienes un programa espacial para mandarme a Marte?

Rio. Y su risa conservaba el aire inocente, propio de ella.

—Benjo, vamos a arreglar tus problemas en la Tierra. Toma el entrenamiento M.E.R.; después de unos meses verás cómo te sientes.

Tuve el deseo de quitarme la máscara y decirle que a mí solamente me interesaba el certificado de su curso, pero no su curso, porque tal vez el documento firmado por ella fuera un atenuante de mis faltas.

—Oye, amiga —pregunté por la tangente—. ¿Por qué nunca había oído hablar de tu oficina, si dices que es filial del Hospital P. Adams, y tienen siete años de existencia?

—Porque eres distraído. Has pasado frente a nuestra puerta muchas veces. Estamos junto al pabellón de pediatría. En el pasillo que va a ortopedia. Junto a la ludoteca.

—No recuerdo...

—Hay un logotipo grande —regresó al punto—. ¿Cuándo quieres tu cita?

—No lo sé... —de verdad lo estaba dudando—. Vi el tono de tu página web. Me parece una filosofía agresiva. ¡No quiero que me hagas exaltado en mi competencia profesional, ni que me pongas a organizar metas y prioridades, ni tampoco que me empujes a trabajos forzados para ser productivo! A mí lo que me hace falta es un *spa* con terapias relajantes en las aguas termales de Rotorua, Nueva Zelanda.

Soltó una carcajada.

—No tenemos oficinas ni en Marte ni en Nueva Zelanda. Te veo mañana a las diez.

Así la recordaba: decidida; imposible de contradecir.

—¿Cuánto cuesta el programa?

—Para ti nada, ya está pagado.

—¿Vas a ayudarme a quitarme el estrés?

—No. Voy a enseñarte a ser exaltado en tu competencia profesional; a pelear con uñas y dientes, a ser más productivo que nunca. Y tienes razón. Nuestra filosofía es agresiva...

—Te veo mañana —le dije.

Diez minutos después de que terminamos la conversación, escuché la campanita de mi teléfono anunciándome un nuevo correo electrónico. Era de la oficina de Azul. Tenía la marca de urgente. Parecía un documento introductorio al programa.

Dudé.

La idea de tener que ir a un entrenamiento-terapia me causaba incomodidad. La naturaleza punitiva del remedio me hacía sentir como el niño reprobado al que castigaban con un curso de regularización en sus vacaciones. Tampoco me apetecía darle la razón a mi padre ni a los doctores, que seguro se burlarían: "miren a Benítez cuán feliz es, y qué bien trabaja después del curso al que lo enviamos". Además, solo de pensar que una terapia *light*, simplificada y anodina, podía cambiar la mentalidad de un médico cirujano ortopedista con una especialidad cursada en Europa, me hacía sentir que traicionaba mi investidura.

Con recelo, abrí el correo electrónico y lo leí de corrido.

La lectura me dejó atónito.

Aunque mi ego de experto quería desechar esas recomendaciones, reconocía, casi con la desesperación de un viajero agonizante que busca agua en el desierto, cuánto necesitaba esos conceptos.

Un breve repaso de mi situación me hacía entender que ya quedaba muy poco del gran prestigio de un médico especialista; me estaba hundiendo en arenas movedizas y no debía negarme a recibir cualquier ayuda.

Volví al correo y lo leí otras dos veces.

13

Enfoque a resultados
Introducción

Tú eres una persona productiva. ¿Por qué? Porque 1) estudias, 2) trabajas, 3) creas productos y servicios, 4) haces negocios, 5) interactúas con otros.

No hagas lo anterior solo por hacerlo.

Enfócate en resultados.

Hablemos de resultados. Todo lo que hagas en la vida debe lograr resultados. ¿Qué resultados? Los **TRES DESIGNIOS: DINERO, PRESTIGIO Y FORTALEZA.**

DINERO

Tú debes ganar más dinero.

Veamos. El dinero es un símbolo. Representa *qué tan poderosa y extensa es tu influencia* en el grupo de personas que te pagan.

¿Quién gana más dinero? ¿El artista que puede llenar un estadio, o el hombre que canta con su guitarra en las calles? ¿El futbolista campeón del mundo o el llanero? ¿El arquitecto de ciudades o el albañil del barrio? ¿El gerente general o el asistente de limpieza?

Seamos claros. El dinero tiene que ver con "a cuánta gente atañe tu trabajo y qué tanto le atañe".

Hay corruptos, narcotraficantes o delincuentes que se hacen millonarios porque su labor "atañe a muchos, demasiado".

Pero tarde o temprano caen bajo el oprobio social, porque su *prestigio de vileza* los desintegra. **El dinero bien ganado está ligado al buen prestigio.**

Para hacerte rico deberás brindar beneficios *a la gente que te paga*: comodidades, seguridad, salud, tiempo, educación, inspiración, diversión, placeres.

Si quieres *ganar más dinero*, empieza por lo básico. Primero que nada pregúntate: ¿QUIÉN ME PAGA?

Si eres empleado, *te paga tu jefe*, con el dinero *de la empresa*. ¿Pero de dónde viene el dinero de la empresa? De sus **clientes**. Si eres empresario, los **clientes** te pagan de forma directa. Al final siempre son ellos.

Identifica a tus clientes. A veces no es tan fácil; en un asilo de ancianos los clientes no son los ancianos sino los familiares que pagan; en una escuela privada los clientes no son los alumnos, sino los papás.

Ahora grábatelo: El dinero proviene de los clientes; y de la administración austera, ahorrativa y estricta de lo que los clientes pagan.

Las **PREGUNTAS CAPITALES** del dinero son:

1. ¿Cómo puedo hacer que la empresa para la que trabajo tenga más clientes, y que los clientes paguen más?

2. ¿Cómo puedo hacer que mi trabajo genere ahorros económicos?

Ahí está el enfoque de los que se hacen ricos. Cada cosa que hagas, cada inversión, sugerencia, junta, aportación, problema atendido, revisa **si va a generar más ingresos o va a disminuir gastos.** De no ser así, no pierdas el tiempo, ni se lo hagas perder a otros.

Si tu trabajo no sirve para hacer dinero, tu trabajo no sirve.

Tu nombre es una marca. Y las marcas valen por su nombre. (No vale lo mismo Google que Yippi. Ni Iphone que Pipo. Ni Coca Cola que Kofola).

La gente no sabe (ni le importa en realidad) quién eres en el fondo. Lo que a la gente le interesa, para clasificarte, es *qué piensa de ti la mayoría*.

Tu prestigio se construye y destruye mediante "oleadas de opiniones".

Los **influencers** son personas que opinan de forma agresiva y producen "oleadas de opiniones". Si varios *influencers* están en tu contra, muy posiblemente miles, quizá millones de personas estarán en tu contra también. Aunque no te conozcan.

Lo peor que puedes hacer cuando alguien ataca tu nombre (tu marca, tu prestigio) es callar o esconderte. Porque el mejor *influencer* para generar "oleadas de opiniones a tu favor" eres tú mismo.

Ante la agresión a tu nombre, tal vez apetezcas encerrarte en el cuarto de la amargura y pedirle a alguien más que te defienda. Craso error. Ningún amigo, familiar, o persona (a quien incluso le pagues) podrá defender tu nombre mejor que tú.

El mundo te valora por tu marca. Si tu nombre está manchado, tienes un problema que debes atender. El prestigio ya no es algo que se obtiene y se atesora para siempre. Se construye todo el tiempo.

Antes se decía "crea fama y échate a dormir" porque en otras épocas la información fluía con tanta lentitud que era muy difícil cambiar la opinión de las masas. Hoy, eso no funciona así. Las redes sociales pueden exaltar o destruir a alguien en unos días.

Tu prestigio es el valor que te distingue. Igual que el dinero, te lo pueden robar. Igual que el dinero, mientras vivas, lo puedes recuperar.

Prestigio es la percepción que tienen otros de ti, respecto a tres **PREGUNTAS CAPITALES**:

1. ¿Cuál es la *CALIDAD DE TU TRABAJO*? (qué tanto cumples las promesas profesionales).

2. ¿Cuál es tu *NIVEL DE COMPROMISO*? (presencia física y moral).

3. ¿Cuál es tu *NIVEL DE INTEGRIDAD*? (lealtad, credibilidad).

Enfócate en generar prestigio. Para ti, para tu familia, para tu empresa. Haz que la gente hable bien de todo lo que esté relacionado contigo.

Tu nombre abre o cierra puertas. Te facilita o dificulta las cosas. Te genera beneficios o perjuicios. Tu nombre es una marca, y las marcas tienen valor. Recupera el valor de tu marca. Hazte valer.

FORTALEZA

Aunque el dinero y el prestigio son logros exteriores que los demás admiran, existe un logro secreto que te hace grande interiormente (y que tarde o temprano todos acaban percibiendo). Se llama **FORTALEZA**.

Las actividades que te dan **FORTALEZA** a veces son discretas o hasta poco remuneradas, pero te brindan felicidad.

La **FORTALEZA** se mide en autoestima, seguridad personal, alegría de vivir, paz interior, y pasión por lo que hacemos.

Hay cuatro acciones específicas que nos fortalecen:

1. DAR... ¿Dar *qué*? Clases, consejos, consuelo, asesorías, esperanza, ayuda.

2. CREAR... ¿Crear *qué*? Música, literatura, pintura, arquitectura, arte (en sí), sistemas, proyectos.

3. PROCEDER... *¿A qué?* A lo correcto, lo ético, lo excelente, lo digno, lo meritorio.

4. MEJORAR... *¿En qué sentido?* Físico, intelectual, emocional y espiritual.

Enfócate en resultados. Para saber si tu acción te brindará **Fuerza interior** hazte cuatro **Preguntas Capitales**:

1. ¿DARÉ algo bueno a otros?

2. ¿CREARÉ algo nuevo?

3. ¿PROCEDERÉ a lo noble, digno y ético?

4. ¿MEJORARÉ física, intelectual, emocional o espiritualmente?

Si te enfocas en tener **Fortaleza**, tus resultados generales se potenciarán. A eso le llamamos **CÍRCULO VIRTUOSO DE PRODUCTIVIDAD**:

Todo está interconectado. Mientras más **Fuerza Interior** generes en el trabajo, más **Dinero** ganarás, mejor **Prestigio** lograrás, y de nuevo, más **Fortaleza** tendrás.

Haz que toda tu empresa caiga en este círculo.

¡Enfócate!

14

Pregunta crítica

La recepcionista me pasó a una sala de juntas con mesa redonda donde me estaba esperando un psicólogo joven.

—Doctor Benítez. Buenos días y bienvenido —se quedó mirándome con una sonrisa impostada; el tipo era blanco, casi albino, rechoncho, de aspecto ingenuo y afable—. ¿Podría hacernos favor de llenar este formulario? —me pasó una tabla de datos básicos con contratos de liberación de responsabilidades—, y cuando haya terminado ¿puede contestar la pregunta de esta hoja?

Leí: "Narre los recuerdos más dolorosos de su vida".

—Ustedes sí que son prácticos... —protesté—, de entrada quieren que les confiese mis secretos.

No lo negó.

—Le llamamos *pregunta crítica*. Tómese su tiempo. Este primer ejercicio es importante.

Yo solía escribir versos para mis canciones, pero no relatos. Me esforcé. Describí, con caligrafía atropellada, la forma en que mi esposa gritaba en casa. Luego narré mi distracción crónica y el error que cometí en el quirófano. Por último, escribí los pormenores del viaje fatal, la discusión con Barbie en el auto, la intervención de Ada, la forma como perdí el control cuando mi esposa golpeó a Majito y la manera en que aceleré provocando el accidente. Cuando menos me di cuenta había garabateado seis páginas con recuerdos amargos.

Llamé al gordito albino.

—¿Terminó, doctor?

—Sí.

Se enganchó en la lectura y abrió la boca con asombro.

—Es una pena que no pueda trabajar con usted —se lamentó. Yo debía ser tan apetecible para el psicólogo recién egresado como lo sería un insecto raro para el entomólogo con microscopio nuevo—. Usted es una persona importante. Lo va a atender la directora del centro... Ya viene llegando.

Exploré la oficina. Era simple, gris, minimalista. Había un logotipo con la razón social impresa en la pared lateral. Centro de Entrenamiento Timing.

La puerta se volvió a abrir. El gordito se puso de pie. Su piel blanca y delgada se tiñó de rosado ante la presencia de su jefa. Le entregó el expediente.

—Ella es nuestra directora, Azul Massenet... —dio un paso atrás como para provocar que nos saludáramos—, él es el doctor Benjamín José Benítez. Bueno, los dejo. Perdón y gracias.

En el rostro de Azul había líneas de expresión que no tenía quince años atrás, sobre todo en la frente y las cejas; eran líneas de carácter, como si hubiese atravesado por adversidades que la obligaron a volverse más dura.

En cuanto el ayudante se fue, Azul bajó la carpeta y sonrió. Su gesto áspero desapareció. Abrió los brazos. Me puse de pie y le di un fuerte abrazo. A pesar del tiempo y la distancia, abrazarla imbuyó en mi torrente endócrino hormonas que había creído extintas. Como el abrazo se prolongó más de lo normal, ambos detectamos que podía resultar inadecuado.

Nos separamos y nos quedamos asidos de las dos manos cinco segundos más.

—Me da tanto gusto verte —dijo.

—A mí también.

—Toma asiento, por favor.

Me miró sin tapujos, con sus dulces ojos avellanados como de muñeca oriental. Eso no iba a funcionar. Yo nunca sería capaz de exponer mi corazón agonizante a una rehabilitadora que me despertaba tantas emociones antiguas. Busqué la puerta. Estaba cerca.

—Esto es ridículo —murmuré.

—¿Qué, Benjo?

—Que tú estés aquí. Eres mi... —corregí—, fuiste mi...

Su sonrisa de los mestizos británico-hawaianos que viven en Alaska me cortó el habla. Observé sus manos. Llevaba un anillo con piedra de diamante como de compromiso. ¿Estaría a punto de casarse? Yo, por mi parte, aún llevaba la alianza de un matrimonio exangüe, como quien carga la urna con las cenizas de un difunto a quien amó.

—Vamos a iniciar el programa M.E.R. —habló como recitando un discurso de ventas aprendido—. *Mente enfocada a resultados*. Voy a darte un manual. Leerás los temas asignados. Nos reuniremos aquí dos veces por semana. Nuestras sesiones serán prácticas. Discutiremos sobre el tema del día, y luego haremos ejercicios de catarsis y visualización. Hablarás de tus experiencias sin perder de vista el objetivo central del programa: *RESULTADOS*.

—Oye, Azul —la interrumpí—. Tengo una duda.

—¿Cuál?

—¿Crees posible darme un documento que avale mi asistencia a tu curso, pero sin tener que asistir?

—¿Estás hablando en serio, Benjo? —volvió a ese rictus de dureza que acentuaba sus líneas de expresión.

—Sí, hablo en serio. Además, me da mucha vergüenza estar aquí. Contigo.

—¿Por qué dices eso?

—Durante años fantaseé con la idea de volver a encontrarte. Y, para tu asombro, yo sería millonario, triunfador y poderoso... Pero heme aquí que me encuentro, también para tu asombro, paupérrimo, abatido y martajado.

Movió la cabeza, apretó los labios y puso una mano en mi brazo.

—Benjoben. Vamos a trabajar, ¿quieres?

consiguen la mitad de su rehabilitación... Creo que es

ne gusta eso —Azul y yo fuimos más que compañeros de
dad, fuimos amigos cercanos, los mejores amigos, des-
res de un cariño genuino con visos de una sensualidad
almente explosiva—, porque si borro mi pasado ten-
e borrarte a ti.

s hazlo, Benjo. Los jóvenes que fuimos en la universi-
no existen. ¡Se esfumaron para siempre! Elimínalos de
ranzas. Una de las frases más simples y contundentes
grama *Enfoque a resultados* es **empieza desde aquí.**

tú? —le pregunté—, ¿has alcanzado buenos resultados
TRES DESIGNIOS? ¿Realmente eres tan productiva y feliz?

eó; bajó la vista unos segundos y luego se recuperó.

. Al menos en cuanto a lo que a mí concierne... Pero los
humanos somos gregarios y simbióticos. Por desgracia a
hay personas cercanas que nos lo echan todo a perder.

nodo que ella también tenía sus problemas. Igual que yo.
que todos. ¡A pesar del programa milagroso que promo-
era tan productiva ni feliz!

r eso me hace sentir mejor.

omo te dije, podemos trabajar dos veces por semana...
también, si quieres abreviar el proceso, podemos hacer-
n más frecuencia...

, amiga. Me encantaría verte un día sí y un día no —aga-
a vista y carraspeé—, quiero decir, verte para trabajar... ya
s... en esto... —mi aclaración resultó redundante y confe-
l a la vez—. Solo que —corregí el error—, de ser posible
era que nos viéramos en las noches, bueno, de tarde, no-
. pienso trabajar por las mañanas. Ya sabes, como enfer-
o.

nrió.

15

Gregarios y simb

Azul fue por un libro grueso, negro, tam;
dura y forros laminados con visos dorad
la mesa como quien pone a la vista púb
una joya costosísima recién extraída de
portada del libro solo tenía tres enormes

—¿Así que este es el famoso program;
M.E.R.? ¿Nada más? ¿Un simple libro?

—Bueno, todo lo grande de este planeta
pre en "simples libros".

—¿Me vas a dar una copia del ladrillo?

—No. Aquí hay información terapéutica y
extensa del programa; por supuesto la pu
do quieras. Pero, como participante, te vo
un manual práctico con el resumen de los cc
puedas estudiarlos y hacer tus anotacione;
bolso; en efecto era un manual, encuaderna
unas doscientas páginas. En la portada decía
tados. Y al pie, *Método Timing. La nueva ci*
dinero, prestigio y fortaleza.

Hojeé el breviario.

—¿Esto es una terapia realmente, o un cu
ción? Porque son cosas distintas.

—Es un híbrido. Ya lo verás. Los primeros ejer
caminados a hacer un análisis de cómo llegas
cómo soltar tu pasado inútil. Para algunos, los
nen un peso específico tan grande que cuando l

—No
univers
cubrid
potenc
dría qu

—Pu
dad ya
tus añ
del pr

—¿Y
en los

Titu

—Sí.
seres
veces

De
Igual
vía, n

—C

—C
Pero,
lo co

—S
ché
sabe
sion
quis
che
mer

S

—Claro. Pasado mañana a las ocho ¿te queda?

—Sí —una hora atrás, al abrazarnos en el saludo, nuestros cuerpos vibraron reconociendo aquel antiguo magnetismo; ambos lo detectamos; y aunque deseaba despedirme de ella con un beso y otro abrazo largo, me abstuve; curiosamente ella tampoco me tocó; hizo una leve inclinación al estilo japonés y me dejó pasar por la puerta.

—Benjo —me detuvo cuando ya la distancia nos había puesto en una posición más segura—. Gracias por confiar en mí.

—Siempre —regresé sobre mis pasos—. ¿Puedo preguntarte algo, Azul?

—Dime.

—Ese anillo de compromiso que usas, ¿significa que vas a casarte pronto?

Levantó su mano y cerró el puño como para presumir el tamaño del diamante.

—Este anillo me lo dio mi esposo hace siete años... Lo uso solo porque perdí mi alianza.

—Entonces ¿eres casada?

—Así es... Y tengo un hijo de diez años.

—Ah —no supe qué contestar; busqué alguna frase diplomática como "lo siento mucho", "cuentas conmigo" o "ya sabes lo que se te desea"; tardé en procesarla; al fin dije—: Felicidades.

Manejé a casa con mucha lentitud, sintiéndome más solo que nunca.

Estacioné el auto en el garaje y tardé en apearme. Cuando al fin lo logré, fui directo a mi tanque de apnea. Me desnudé y me sumergí.

Cerré los ojos, y pensé: «Ojalá que ese programa de *Enfoque a resultados* sea tan bueno como dicen; quiero detener a mi suegra, recuperar a mi Majito, recuperar mi libertad y recuperar mi licencia profesional. Estoy dispuesto a entrenarme; me aplicaré en las sesiones; haré los ejercicios, encontraré el valor del programa, si tiene alguno».

Salí a la superficie. Respiré hondo varias veces. Tomé una gran bocanada de aire. Volví al agua y esta vez me senté al fondo del estanque en posición de flor de loto. Al fin conseguí lo que necesitaba. El silencio.

16

MÓDULO UNO
Reconfiguración mental

De ahora en adelante enfocarás tu mente en resultados. ¿Qué resultados? **PRESTIGIO, DINERO Y FORTALEZA.**

Antes de hacer cualquier cosa, pregúntate: "¿Esto me va a dar resultados?" Si la respuesta es *no*, cambia de actividad.

Cuando estés haciendo algo que parezca infructuoso, pregúntate: "¿Cómo puedo hacer que esto termine con *mejores resultados*?".

RECONFIGURACIÓN MENTAL es un módulo de diez temas que te ayudarán a reiniciar tu cerebro con nuevos parámetros.

Tu mente es una computadora poderosa: sigue procesos, guarda información, es susceptible de mal funcionamiento. Esa computadora te brinda un código de comportamiento; te hace aferrarte a métodos obsoletos.

Para lograr resultados necesitas trabajar primero con tus ideas. Con lo que piensas. Con tu forma de interpretar la vida.

LOS DIEZ CÓDIGOS DE RECONFIGURACIÓN MENTAL SON:

1. Disposición efectiva
2. Limpieza de memoria
3. Malware de culpas
4. Virus del miedo
5. Inventario de riquezas
6. Clasificación de enemigos
7. Programa maestro
8. Estrés dirigido a la acción
9. Versión de competencia
10. Diagrama de flujo

1. DISPOSICIÓN EFECTIVA

¿Estás dispuesto a ganarte un ascenso, a volverte líder, a bajar de peso, a tener un hijo, a casarte (o divorciarte), a cambiar de casa, de sexo?

Antes de cualquier acción importante, debes programarte. A esto le llamaremos **DISPOSICIÓN EFECTIVA**: es desear ir hacia un lugar, pensando en lo que sucederá, investigando, recopilando datos y visualizando el camino.

Has permanecido en el anonimato, esperando que los tiempos mejoren. Has perdido terreno y te ha costado recuperarlo. Has dejado que tu pasión y alegría cotidiana mengüen. Ha llegado la hora de aplicar la **DISPOSICIÓN EFECTIVA**:

Prográmate para hacer cambios. Al cerebro no le gustan las sorpresas. (Así que no hagas invitaciones de última hora a reuniones importantes, porque aunque tu invitado pueda ir, tal vez no lo hará, o irá de mala gana). La gente se molesta con las sorpresas. Para lo bueno y para lo malo, necesita *programarse*.

Embarázate de un nuevo plan. Genera en secreto un proyecto de progreso personal y profesional; hazlo crecer, primero dentro de ti, luego dalo a luz...

Disponte a volver a la batalla. A sorprender al mundo con tu entusiasmo y a romper tus propios récords de progreso.

Disponte a recuperar la felicidad de trabajar. Eso te hará más productivo, porque según datos de la organización *Best place to work*, la gente feliz es la que mejores resultados tiene.

Disponte a emerger, salir a flote, surgir en la carrera desde atrás. Y hazlo con sentido de urgencia. Ha llegado la hora de que el mundo conozca una nueva versión de ti. No permanecerás el resto de tu vida detrás de un manto de anonimato y bajo perfil. No te resignarás a pasar inadvertido y sobrevivir mediocremente. No naciste para ser una muestra de resignación y decadencia.

Cuando la gente mencione tu trayectoria, no deberá ponerte como ejemplo de alguien que desfalleció y se arruinó.

Tu gráfica debe ser siempre de auge. Y el recuerdo que dejes en otros será el de una persona sobresaliente y grande. Alguien cuya existencia dejó huella positiva. Estás llamado a ello. Por eso toma muy en serio este programa. *La vida da muchas vueltas y el mundo cambia a pasos agigantados. Has quedado bajo la superficie. Emerge o muere.*

TERAPIA CENTRADA EN SOLUCIONES:

Escribe los blancos a los que vas a apuntar para resurgir. No es una lista de propósitos de Año Nuevo ni de objetivos superficiales. Es *LA* lista de tu DISPOSICIÓN EFECTIVA. La que te regirá como proyecto gobernante durante este programa.

Sin esa lista no podemos comenzar. Tómate tu tiempo.

A partir de ahora, para cada tema, escribe tus avances, reflexiones, aprendizajes y dificultades. Inicia siempre escribiendo quién eres, después lo que harás, y al final lo que tendrás. Ese es el proceso para lograr resultados. *Ser, hacer y tener.*

Soy Benjamín Benítez. Doctor. Estoy iniciando este programa de entrenamiento.

Mi lista de **DISPOSICIÓN EFECTIVA** *es simple. Se enfoca en los 3 designios:*

DINERO. *Quiero recuperar el capital que tenía; la confianza de mis pacientes (o clientes) para contratar mis servicios y pagar bien por ellos. La seguridad del hospital para designarme trabajos de apoyo médico remunerado.*

PRESTIGIO. *Quiero lograr que todas las personas me perciban como un médico de gran calidad (que cumple sus promesas profesionales), con alto nivel de compromiso (siempre disponible y atento), y con alto nivel de integridad (leal a sus principios, a sus pacientes y a su profesión).*

FORTALEZA. *Quiero conseguir el gozo del crecimiento. Diplomarme no solo en los módulos de Productividad, sino también en los de Comunicación, Equipo y Liderazgo; deseo conseguir la paz del silencio otra vez. Volver a vivir con mi estrellita, y disfrutar el privilegio de volver a ser su papá.*

Cuando una computadora se vuelve lenta o poco eficiente, debemos limpiar su memoria. Lo mismo nos pasa a las personas. Mientras más saturada tengamos la memoria principal, peor trabajará nuestro sistema operativo.

Un hombre cuya esposa falleció se vistió de negro, vistió de negro a sus dos hijas, y dejó de trabajar; se la pasaba deprimido.

Después de seis meses, su jefe lo confrontó. Le dijo:

—Sabes que te aprecio y que aprecié mucho a tu esposa, pero no puedes seguir de luto y poner tu luto como excusa para no cumplir con tus nuevas responsabilidades. Seguir deprimido es como si llevaras cargando el cadáver de tu mujer sobre tus hombros para exhibirlo. De forma figurada ¡eso es lo que estás haciendo! Suelta el cadáver. Entiérralo. Déjalo atrás. Ella ya cumplió su cometido en esta Tierra. Tú no. Tienes dos hijas que atender. Y un trabajo y gente que te necesita. Deja el pasado atrás. Suéltalo. Empieza desde aquí.

Analicemos nuestra memoria principal; quitaremos lo que sobra. No va a ser fácil. Puede doler. Repasaremos juntos archivo por archivo. Necesitas verlo, sentirlo, medirlo, valorarlo. Realiza el ejercicio despacio; haz un análisis real.

TERAPIA CENTRADA EN SOLUCIONES:

Recuerda el dinero que tenías; los bienes materiales; saldos bancarios, autos, muebles e inmuebles. ¡En el pasado manejaste otro mapa financiero! *Ahora es distinto.* Perdiste dinero, o te robaron, o vendiste, o compraste, o despilfarraste... No importa. ¡Lo que tenías antes *se fue*! Tus circunstancias económicas *hoy, son otras.* Diferentes. *Deja atrás* tu mapa financiero del ayer. No vuelvas a referirlo. Ya no existe.

Recuerda el cuerpo que tenías; la salud, la agilidad, la lozanía, la belleza, las características físicas que te definían. Tu cuerpo ha cambiado. Ahora es otro. ¡Y está bien! *Deja atrás* tu físico del pasado. No te aferres a él. Ni siquiera lo evoques. Mírate al espejo. Tu cuerpo es este.

Recuerda a tus amigos de otras épocas; con quienes pasaste tan buenos ratos. Se han ido. Ya no los frecuentas. *Déjalos atrás...* Son solo una remembranza. En tu presente ya no figuran.

Recuerda a tu familia del ayer; tus hermanos, tus padres, tus seres queridos. Han cambiado, se han ido, ya no son los mismos. Y está bien. *Deja atrás* a tu familia del pasado. No sufras porque ha cambiado. No te aferres a lo que fue. Ahora es lo que es.

Recuerda a tu pareja; tal vez alguien de quien te enamoraste y ya no está a tu lado. Tal vez alguien con quien aún convives, pero ha cambiado. Todos cambiamos. *Deja atrás* a tu pareja del pasado. Suéltala. El pasado es un recuerdo pero ya murió. Entiéndelo. Repítelo y créelo. Otra vez. *El pasado ya murió.* Construye el presente.

Has vivido con cadenas antiguas, recordando todo lo que perdiste. Y sí. Has perdido mucho. Pero acepta esto: a pesar de haber perdido, no eres perdedor. Tienes inteligencia, madurez y fuerza.

¿Sabes para qué sirve el pasado? ¡Sirve como escuela!, ¡como laboratorio de experiencias! De ahí extraes lo que sabes. Punto. Nada más. El pasado te da conocimientos. ¡Quédate con eso y borra lo demás!

Cuando reseteas una computadora, a veces aparece un mensaje: "Los siguientes programas no permiten continuar... ¿Quiere forzar el reinicio?". Hazlo. Fuerza el reinicio.

El ayer fue maravilloso, pero ahora es una resonancia, una distracción. No puedes aferrarte al dinero que tuviste (y lamentarte porque lo perdiste). No puedes querer el prestigio o el nombre que tenías, ni los amigos ni la familia que te rodeaban. No puedes sentirte triste por lo que se fue... porque ¡ya se fue!... Entiende y acéptalo de una vez.

Eso no significa que debas renunciar a recuperar algo que quieres de vuelta. Significa que tu enfoque mental será otro. Ya no vas a pensar en *recuperar lo perdido* sino en *crear lo nuevo*, aunque lo nuevo se parezca a lo que tuviste.

Se trata de enfrentar el futuro sin la angustia de sentirte "perdedor en proceso de recuperación". Tú no eres perdedor ni te vas a recuperar. Tú eres lo que eres. Y eso está bien. Tienes un buen juego. Empieza a jugar. Emerge o muere.

Soy Benjamín. Perdí mucho dinero. Hace diez años mi padre me dio una herencia anticipada de un millón de dólares, pero yo compré acciones de renta variable en directo, y después de una caída de la bolsa, perdí todo. Ahora tengo tres mil dólares en el banco, una casa hipotecada (con un estanque que construí en ella) y un auto de modelo reciente que vale 18 000. Total. Me queda el 2% de lo que tuve.

Ha sido muy difícil ver ese 2% como un nuevo 100%.

En la sesión de hoy me costó sangre entender que debo dejar atrás el pasado y olvidarme de las pérdidas para iniciar desde aquí. No solo en el aspecto financiero sino familiar y personal. Ha sido una gran lección y un ejercicio recalcitrante. Estoy aprendiendo a comenzar.

3. MALWARE DE CULPAS

¿Te equivocaste?, ¿hiciste algo malo (o dejaste de hacer algo bueno)? No puedes culpar a nadie más que a ti.

De inicio, la culpa es buena. Te hace consciente de haber violado un código moral. Si sientes culpa, significa que eres una persona con sentido de responsabilidad y que quieres mejorar.

La perversidad se define como "ausencia de culpa". Quienes hacen el mal sin remordimiento son infames depravados. En ese sentido, la culpa nos devuelve al terreno de la bondad.

Para lograr FORTALEZA es necesario aceptar nuestros errores, sentir el dolor de la culpa, y replantearnos las acciones del futuro.

Un estudiante de bachillerato usó su teléfono celular para difundir mentiras sexuales respecto a una compañera. La directora lo confrontó. Le hizo ver su error. Le dijo: "Tú tienes una hermana, ¿te gustaría que alguien dijera cosas similares de ella?". El joven salió de la oficina y acusó a la directora *porque lo hizo sentir culpable*. Al día siguiente, los padres del joven llegaron a gritar y demandar a la escuela diciendo: "Ustedes no pueden *hacer sentir culpable* a nuestro hijo; los derechos humanos nos defienden del trato vejatorio de *infundirnos culpas*".

Ni los padres de aquel joven ni el joven mismo comprendían que la culpa es un mecanismo de crecimiento, porque nos hace entender que debemos mejorar.

Desde la culpa, podemos construir algo nuevo, a través de la **REPARACIÓN**: pedir perdón, subsanar el daño y pagar el costo del error.

Una vez REPARADO lo que nos causó culpa, debemos enterrar ese error, darle vuelta a la página y no volver a recordarlo.

¡Pero cuidado! La culpa obsesiva es un MALWARE dañino que se convierte en VERGÜENZA; ¡y la vergüenza es otra cosa!: es la creencia de que, haya o no estado bien lo que hicimos no está bien ser lo que somos. Desde la vergüenza no se puede crecer porque te hace pensar "el error soy yo", no "la manera en que actué". Este es el peor programa mental; te pone en un bucle de inferioridad y fracaso.

Si detectas sentimientos de verguenza que generaste en otra época, y que ya pagaste, entiende: son células cancerosas que debes extirpar. Hoy lo haremos. Primero revisa tus grandes equivocaciones antiguas.

TERAPIA CENTRADA EN SOLUCIONES:

Repasa tus errores en el área profesional y financiera. Haz una relación minuciosa de las malas decisiones que cometiste en el terreno de trabajo. ¿De qué te sientes culpable?

Repasa tus errores en materia de salud, familia o pareja. Haz un recuento de la forma en que te has equivocado en lo personal. ¿De qué tienes culpa?

Bien. Ahora piensa... Si tu vida se repitiera, y pasaras por las mismas condiciones, con tu misma madurez, en el mismo contexto emocional, físico y social, ¿volverías a fallar? La respuesta, muy probablemente es *sí*. Volverías a hacer lo mismo.

Así que entiende, y jamás lo olvides: Tu pasado está bien. Cometiste errores y los pagaste. Si todo volviera a suceder, quizá volverías a cometer los mismos errores y tendrías que volver a pagar. Te equivocaste por inmadurez, por falta de visión. Tenías experiencia limitada, consideraste que hacer eso era tu mejor opción. Ya no te atormentes. No puedes cambiar tu pasado. Hiciste lo que hiciste... Tuviste lo que tuviste. Fuiste lo que fuiste. Pero ya se acabó. El presente es otra cosa.

¿Te equivocaste?, ¿te caíste?, ¿te traicionaron? Eso ya no importa. En aquellas circunstancias sociales y emocionales, hiciste lo que creíste mejor. Deja de pelear con el ayer. Rompe los grilletes que te encadenan a las culpas pasadas que se han convertido en vergüenza. Di en tu corazón: "Esta mañana inicio una nueva historia".

Imagina que eres un ser vivo cuyo nacimiento acaba de

ocurrir. Naciste así. Con la edad y la experiencia que tienes. Pero *naciste hoy.* Y hoy empiezas desde cero. Se te ha dado por herencia un lugar, una inteligencia y conocimientos vastos.

Mírate al espejo. Obsérvate en total desnudez física y material. Ese eres tú. Frente a ti, tienes lo que hay. Eres una persona sensible, inteligente, noble. Tus cicatrices te hacen más fuerte. *Empieza desde aquí.*

Me llamo Benjamín. Soy doctor.

Aunque legalmente debo negarlo a toda costa, en la intimidad de esta terapia, lo confieso. Maté a mi esposa. No lo hice con dolo, ni siquiera con intención. Pero sí. La maté. Yo fui quien aceleró a fondo y rebasó en lugar prohibido. Yo fui quien se enojó al grado de perder el control, a pesar de que sospechaba que ella tenía un trastorno límite de la personalidad, no supe manejar su ira (ni la mía) e hice lo incorrecto.

También fui yo quien se equivocó en el quirófano y le ocasionó a un paciente incauto el dolor de nuevas aflicciones.

Por mis descuidos hice que las autoridades dudaran de mí, y provoqué que me quitaran a mi hija...

Hoy he cruzado por el horno incandescente a mil grados de temperatura del reconocimiento de culpas. También he sufrido mucho al comprender que todo sucedió como debía suceder; que necesito terminar de REPARAR los daños que causé, para después enterrar mis errores, no volver a recordarlos y no volver a sentir vergüenza de mí.

Me gustaría pensar que he nacido de nuevo. No es fácil. Estoy tratando de asimilar estos conceptos. Porque si se trata de volver a nacer, aún sigo atorado en medio parto.

4. VIRUS DEL MIEDO

Ahora vamos a anular el virus que paraliza tu sistema operativo y no te deja moverte: el miedo.

Los bebés humanos nacen solo con dos miedos; únicos, naturales, instintivos: el miedo a caerse y el miedo a los ruidos repentinos. Todos los demás se aprenden ¡y se pueden desaprender!

Hablemos de tus miedos, de cómo los aprendiste y cómo puedes liberarte de ellos. Para eso debes conocer una característica muy especial del cerebro. Se llama ABSOLUTI-ZACIÓN DE LO RECIENTE. Si no entiendes esa característica, no entiendes cómo funciona el cerebro.

En las neuronas hay módulos de información. Millones. Uno para cada tema. Ahí guardamos todo lo que sabemos y creemos. El cerebro no promedia la información del módulo sino que ABSOLUTIZA LO RECIENTE.

Este es un descubrimiento de neurociencia asombroso y trascendente: los miedos son irracionales porque no se basan en la información completa sino en la *última información* que se metió al módulo.

Mario era buzo; había hecho cientos de inmersiones en aguas abiertas; le gustaba filmar peces en cuevas y arrecifes, pero un día se quedó atrapado en un barco hundido a treinta metros de profundidad. Hizo lo prohibido. Se separó de su pareja, entró a los cuartos de máquinas y no encontró la salida. Extravió la lámpara. Se atoró en la oscuridad; su tanque de aire se vació. Luchó por salir. Desesperado, golpeó las paredes de acero. Sintió el pánico de la claustrofobia: mareo, desorientación, efecto de muerte. Fueron varios minutos de terror extremo. Al fin su compañero lo encontró y lo ayudó a salir. Después de la experiencia, se volvió claustrofóbico. Adquirió miedo a los lugares cerrados. Incluso a los aviones y elevadores. El miedo de Mario era irracional. Como todos los miedos. Pero su cerebro no podía hacer un análisis. Funcionaba con base en la *última experiencia mala*.

Lo justo sería que la mente promediara (cien experiencias buenas y una mala, ¡la mala no importa!). Pues no pasa eso. La mente ABSOLUTIZA lo más reciente y lo instala como verdad total.

La última experiencia te define en un 80 por ciento. Esta ley afecta también a tu prestigio: lo último que la gente recuerde de ti define el 80 por ciento de tu imagen pública.

TERAPIA CENTRADA EN SOLUCIONES:

Haz un recuento de tus últimas experiencias. Repasa con cuidado la siguiente lista de módulos mentales y subraya aquellas actividades en las cuales tuviste una o varias experiencias malas:

Hablar en público.
Hablar en una reunión.
Discutir, exigir o negociar.
Invertir dinero.
Problemas legales.
Problemas fiscales.
Lidiar con delincuentes.
Ir al hospital.
Hacer (algún tipo) de deporte.
Lidiar con insectos o animales.
Manejar vehículos.
Viajar.
Cantar.
Actuar.

Lidiar con autoridades.
Confrontar a un agresor.
Poner un negocio.
Confrontar a un pariente.
Hacer un examen.
Exponer un trabajo.
Ir al dentista.
Escribir.
Bailar.
Nadar.
Discutir.
Hacer el amor.
Decir *te amo*.
Otra actividad: _____.

Relata ahora cuáles fueron las experiencias malas que tuviste en las actividades que subrayaste, y los miedos que adquiriste a partir de ellas.

Lo que acabamos de hacer es una revisión de archivos. Ahora apliquemos el antivirus.

Comprende: la confianza que tienes en ti, la seguridad, incluso la belleza que irradias, proviene de una mente que **ABSOLUTIZA** todas tus últimas experiencias. A la mente no le importa tu historial: le importa lo último que te pasó.

Un miedoso es miedoso porque cuando le pasa algo malo deserta, y no lo vuelve a intentar... Pero una persona valiente no se resigna al recuerdo de malas experiencias. Las repite *hasta generar buenas*.

A partir de ahora no aceptes una última experiencia mala. Sé valiente y vuelve a hacer eso que te salió mal, una y otra vez hasta que te salga bien.

Si no crees en ti, nadie lo hará; si no levantas la mano por miedo a la crítica, te estarás comportando como un mediocre. ¡Lucha! Nunca digas *no puedo.* Nunca te calles, ni te escondas, ni te des por vencido. Enfócate en obtener resultados nuevos y repite lo que temes con cuidado hasta que te salga bien...

¡Entiéndelo, apréndelo, acéptalo!: *repite lo que temes...* Hazlo una y otra vez... Hazlo gradualmente e irás perdiendo el miedo. Empieza de cero. Desde aquí.

Rodrigo estaba preocupado porque sufría de un dolor en la entrepierna que le impedía caminar bien. Notaba una inflamación en la ingle. Así que se ponía cataplasmas y descansaba. Su esposa, psicóloga, le dijo: "La pasividad es señal de miedo, y la acción quita el miedo; vamos al doctor". Después de hacerse múltiples análisis, Rodrigo supo que se trataba de un tumor. Había pocas posibilidades de que fuera maligno, y podía aprender a vivir con él. Dejó de hacer deporte, dejó de trabajar como antes y se hizo improductivo. Solo pensaba en mil posibilidades funestas. Su esposa volvió a decirle: "La pasividad es señal de miedo, y la acción quita el miedo; ¡muévete!, ¡opérate!". Al fin Rodrigo aceptó la cirugía y en unos días volvió a estar completamente sano, fuerte, activo y sin temor.

El miedo es un virus paralizante. Pasma, inmoviliza, detiene tus procesos mentales. Vamos a eliminarlo con acción. *La acción quita el miedo.* No hay excusas para tener miedo. Solo actúa.

Me llamo Benjamín. Tengo temor de volver a operar una columna vertebral. Me atemoriza presentarme en público frente a mis colegas y hablar. Me pone nervioso manejar un auto (ante el menor ruido en la calle se me eriza la piel imaginando que estoy viviendo otro accidente).

Hoy recordé que los miedos se aprenden y que debo desaprenderlos con nuevas experiencias. Voy a manejar en carretera otra vez, a operar de nuevo, a hablar de pie, al micrófono, con decisión, frente al auditorio cuando llegue el momento.

Haré gradualmente, como en toda "terapia de aproxima-ción", las cosas que me salieron mal, hasta que me salgan bien. He comenzado el proceso.

17

En el líquido amniótico de mamá

Azul me miraba pensativa, entre preocupada por las heridas abiertas que percibía en mí, y orgullosa por mi *disposición efectiva* de querer sanar.

Acabábamos de terminar los primeros cuatro temas. Me quejé un poco.

—Esto no está resultando fácil. Creí que iba a ser más rápido. Hemos ocupando tres reuniones por tema. Si seguimos así nos llevará dos meses terminar el primer módulo.

Sonrió, entre amistosa y maternal.

—Al principio es difícil, Benjo; sobre todo para algunas personas que todo lo cuestionan y tienen tantas barreras intelectuales.

—Sí —concedí—. La humildad duele. Pero duelen más los ejercicios, si los haces bien. El *borrado de memoria* para soltar lo que alguna vez tuve fue como un machucón de dedos. Incluso creo que no lo logré del todo —quise agregar: al menos no logré borrarte a ti—. Desnudo de *casi* todos mis recuerdos, me enfrenté después a mis errores y miedos. Ahí sufrí un tormento como ser quemado vivo. Nunca imaginé que pudiera guardar tanto dolor en el terreno de las culpas.

—Explícame eso.

—Siempre he sido cooperativo, no competitivo; callado, no comunicativo; pacifista, no desafiante. Pero eso yo ya lo sabía. Lo que me movió el tapete, y me hizo sentir hasta un mareo como de enfermedad fue cuando descubrí *por qué* soy así... Fue todo un hallazgo, Azul.

—Sigue.

—Fui rechazado desde niño por mis hermanos; eso me causó una profunda culpabilidad. Ellos creían que yo había matado a nuestra madre porque ella murió cuando me dio a luz. Y yo también lo creía. Así que aprendí a meterme al mar y a esconderme para que nadie me viera. Me sumergía en un mundo ajeno y alejado donde otros no podían entrar; donde la oscuridad y el silencio eran mi descanso. Oculto bajo el agua, mis amigos se preocupaban porque yo no salía. Creían que me había ahogado. Y yo quería ahogarme. Sentía vergüenza de mí. Vergüenza de existir. Aguantaba la respiración hasta límites extremos, casi hasta la inconciencia. Esa sensación de asfixia me hacía experimentar un placer extraño y placentero, como si estuviese flotando de nuevo en el líquido amniótico de mamá.

Azul agachó la vista hacia su cartapacio. Repitió despacio:

—"En el líquido amniótico de mamá". La frase es fuerte... y hasta poética.

Tuve deseos de abrazarla. Estaba siendo una excelente compañera en mi lucha por cambiar. Pero la disposición de los muebles en esa oficina no permitía la cercanía. El acomodo más que a un recinto terapéutico, se parecía al set de televisión de los programas nocturnos donde el entrevistador mantiene una posición de discreta superioridad sobre el entrevistado. Ella estaba detrás de un escritorio con una silla ligeramente más alta, y yo en un mullido sillón individual. Solo para los ejercicios escritos nos movíamos a una mesita empotrada a la pared con dos paneles laterales, como los *blinkers* que ponen a los caballos asustadizos para impedirles que se distraigan.

Aunque Azul siempre me había hablado desde su lugar de terapeuta, esa noche yo necesitaba a mi amiga. Leyó mi mente.

—¿Quieres que salgamos de aquí? —preguntó—, hemos trabajado fuerte. Hoy podemos tomar un descanso.

—Te invito a cenar.

—¿Vamos al restaurante de la terraza? —propuso sin saber que la opción me desagradaba—. ¡Adoro la vista!

—Okey —no me atreví a quitarle el entusiasmo. Solo esperaba que mi padre no estuviera ahí.

Salimos de sus oficinas y caminamos juntos. En los pasillos del hospital todos la saludaban. Tenía un carisma arrobador. Era delgada, de estatura media, más bien pequeña, cabello negro y gestos entre orientales y latinos. No podría calificarse como hermosa, o al menos no frente al prototipo de belleza en América (tal vez si viviéramos en Polinesia). Pero apenas comenzabas a tratarla, podías ver la dulzura de su personalidad. Y entonces te daban ganas de ser su amigo. Eso me pasó cuando la conocí. Diecisiete años atrás.

18

En octubre ya no debería llover así

Estábamos en la cafetería de la universidad. Yo era estudiante de medicina y ella de psicología.

La vi sola. Con actitud vencida. Tomé mi charola de alimentos y me acerqué a ella.

—¿Puedo sentarme a comer contigo?

Se encogió de hombros.

—¿Cómo te llamas?

—Azul Massenet.

—¿Massenet como el músico de la meditación?

Mi comentario la hizo girar la cabeza con rapidez para verme como quien percibe un resquicio de luz en el calabozo. Pero su mirada esperanzada se desvaneció. Tal vez me notó demasiado sonriente, demasiado deseoso de su aceptación. El hecho de que yo supiera de música no significaba que pudiera confiar en mí.

—¿Me dejas en paz? No tengo ganas de hablar.

—¿Por qué no tienes ganas?

Apresuró su almuerzo, se puso de pie y se alejó.

A partir de ese día, comencé a espiarla; casi siempre se encontraba sola; o con alguna amiga, pero rechazaba todo contacto con hombres. Aunque yo no sabía técnicas de seducción y estaba lejos de ser un donjuán, me atrajo el enigma de su personalidad. Quise abordarla una vez más. Dos. Tres... Cuatro y ella siempre me dio la espalda. Hasta que un día lluvioso, la vi llorando en el patio sentada en una banca de piedra, dejándose empapar por la tormenta. El cuadro era inaudito. ¿Quién en su sano juicio se sentaría con su mochila de útiles en medio de un aguacero? Sin duda pasaba por una terrible crisis. Tal vez estaba viviendo una pérdida muy grave. No solo a mí me llamó la atención la escena. Varios compañeros se reían de ella y le tomaban fotografías desde lejos.

Salí de mi guarida y dejé que el chubasco me empapara también. A pesar de los cotilleos de nuestros compañeros, era la perfecta oportunidad para charlar con ella. Estaríamos solos en un lugar que paradójicamente, cuando no llovía, siempre estaba atestado de estudiantes.

Me senté a su lado e hice alusión al clima.

—En octubre ya no debería llover así —los cabellos mojados le cubrían el rostro. Volteó a verme. Sus lágrimas se mezclaban con las gotas del aguacero—. ¿Tienes frío?

—Sí —contestó.

Era evidente, tenía frío; sobre todo en la mente; en el alma.

—¿Quién te lastimó? —le pregunté.

La lluvia arreció. Aunque tal vez otros hombres habían tratado de abordarla, ninguno había demostrado disposición para acompañarla en su dolor. Contestó:

—Mi mamá...

—¿Qué te hizo?

Al verme genuinamente interesado, bajó sus escudos. La incomodidad del clima nos hizo cómplices.

—Se volvió a casar —de momento no entendí, pero guardé silencio; ella había comenzado a expresar lo que le dolía y me pareció una imprudencia interrumpirla—. Mi mamá. Se casó con un hombre malo. Parece bueno, pero cuando lo conoces... cuando vives con él...

Entonces comprendí.

—Tu padrastro —era una historia social predecible—, abusó de ti... o quiso hacerlo...

No dijo una palabra más. Volvió al mutismo. Y yo no supe cómo continuar la charla.

La lluvia amainó y un sol tímido y tibio se asomó por los resquicios de los negros nubarrones. Varios estudiantes comenzaron a salir de sus guaridas para ir presurosos a las clases.

—¿Vives cerca de aquí? —le pregunté—, tienes que ducharte con agua caliente y quitarte esa ropa mojada.

—Vivo muy lejos. Pero tengo una muda de ropa en el *locker* de la alberca. ¿Y tú?

—Yo vivo aquí, en las residencias de la universidad.

—¿Cómo te llamas?

—Benjamín José —le estreché la mano.

—Mucho gusto. ¿Te puedo decir Benjo?

—Nadie me dice así.

—Me alegro. Yo soy Azul Massenet. Como el músico de la meditación —sonrió—. Gracias por acompañarme en la lluvia, Benjo.

—Ha sido un placer —fue la primera vez que la vi sonreír y me enamoré de su sonrisa—. Gracias por preguntarme cosas que nadie se había atrevido...

Le aconsejé que se mudara a las residencias de estudiantiles; había algunas disponibles y estaban a buen costo. Días después, lo hizo.

Comenzamos a almorzar juntos, a estudiar juntos, a ir a los partidos deportivos juntos.

Aunque otras veces quise que habláramos sobre su madre encubridora y su padrastro pervertido, ella se negó a tocar el tema. Nuestra amistad estuvo siempre ensombrecida por el antecedente de su confesión: ella sufrió abuso sexual y rechazaba (al menos es lo que yo creía), todo contacto físico con los hombres. Así que cuando nuestro cariño creció y nos hicimos novios, quise tocarla con mucha delicadeza. Casi con excesiva precaución. Nuestro romance se caracterizó por un contacto físico de ternura más que de erotismo. Nos besábamos con mucha suavidad y lentitud. Nos rozábamos solo con las yemas de los dedos. Nos acariciábamos con los labios y nos abrazábamos largo rato acompañando el contacto con susurros al oído que se convertían en una intimísima conversación.

Juntos acuñamos una frase que se hizo nuestro lema: "El toque más poderoso no es al cuerpo, sino al alma".

Aunque siempre había entre nosotros el hormigueo de la atracción sexual, lo dejábamos ahí, latente. Aprendimos el placer de una relación exenta de sensualidad deliberada. Por eso, nuestro potencial erótico se multiplicó de manera exponencial.

Pero todo se acabó de pronto. Cuando terminé la carrera, mi padre decidió enviarme al extranjero para estudiar la especialidad. Azul y yo nos despedimos prometiéndonos amor eterno.

La noche antes de que mi vuelo saliera en la madrugada, la llamé por teléfono. Como el día en que nos hicimos amigos, estaba cayendo un chubasco impresionante.

—Azul, dentro de ocho horas voy a subirme a un avión y me voy a alejar de ti. Necesito despedirme.

—Ya lo hicimos —dejé pasar unos segundos; entonces se lo dije:

—Quiero que hagamos el amor.

El chubasco al otro lado de la línea se escuchó como si estuviese cayendo dentro de su cuarto. Al fin contestó.

—Ven.

19

Yo no me embaracé

Llegamos al restaurante. Me asomé al rincón de cristal. Por fortuna, mi padre no estaba.

—¿Y cómo te ha ido en el trabajo? —preguntó—, ¿das consulta de medicina general?

—Sí. Por las tardes atiendo a la gente que quiere recetas para resfriados y diarreas. Por las mañanas hago algo todavía más loable —el mesero se acercó; pedimos las bebidas—. Tal como me indicó el honorabilísimo jurado en el juicio de cirujanos, fui al área de emergencias y me puse bajo las órdenes del médico encargado. Un tal doctor Pérez. El tipo me recibió con ínfulas de grandeza. Me dijo: "Por favor, vaya a la sala de esterilización, coordine con las instrumentistas el lavado y desinfección del material quirúrgico".

—¿De veras te mandó a limpiar?

—De veras. Le rebatí: "¿Es en serio, doctor Pérez? ¿Ahí me necesita?". El tipo me contestó: "Sí, ahí lo necesito. Nuestra jefa de esa sección fue promovida". ¡Y me convertí en el nuevo coordinador para el difícil arte de retirar la sangre y suero con escobillas y agua destilada de los instrumentos médicos, así como clasificarlos según su uso para los diferentes procesos de higienizado!

Azul me miró entre preocupada y divertida, con esa sonrisa típica heredada de algún antepasado hawaiano.

—Pronto va a pasar todo esto.

—Estoy aquí porque me lo dijiste una vez y te creí.

—Verás que así será.

—¿Y cómo te ha ido a ti, Azul?, cuéntame. Quiero decir: después que dejamos de vernos hace quince años.

—Ay, Benjo... —jugueteó con la servilleta—, tú fuiste mi salvavidas en una época en la que me estaba muriendo de angustia. Te convertiste en mi amigo. El único en quien podía confiar. Tú y yo teníamos un código secreto para acariciarnos. Me marcó... Y luego, la noche en que nos despedimos... ¿te acuerdas?

—Cómo no me voy a acordar. A mí también me marcó —con la vista fija recité los pormenores—, yo estaba en la casa de mi padre, a veinte kilómetros del campus universitario; cuando tú me dijiste que me esperarías, manejé lo más rápido que me lo permitió la lluvia, pero faltando un tercio del camino encontré una larga fila de autos parados. ¡El agua había desgajado un cerro y la carretera principal estaba obstruida! Quedé encerrado en un congestionamiento. Golpeé el volante con mucho coraje y esperé que se deshiciera el atorón. Te llamé para decirte lo que estaba pasando. Tú contestaste que me esperarías. Después de una hora me bajé del coche y lo abandoné en medio de la calle; corrí hacia el derrumbe con la esperanza de pasarlo a pie para buscar un taxi. Pero después del atorón, la calle se veía desierta. No había taxis. Calculé. La universidad debía estar a unos siete kilómetros de distancia. Si corría a buen ritmo podría llegar en cuarenta y cinco minutos. Por fortuna estaba en forma. Y corrí. Corrí casi una hora, en la lluvia. Al fin llegué a la universidad. Me estabas esperando afuera de las residencias para estudiantes. Me abrazaste con mucha fuerza y me llenaste de besos.

—Nunca supe todos esos detalles.

—Tú dormías con una compañera de habitación. Le habías dicho a tu amiga que se fuera a otro cuarto.

Guardamos silencio, los dos, con la vista perdida. Esa noche aprendimos lo que es fusionar el cariño del alma con el del cuerpo.

La experiencia quedó registrada en nuestras más profundas memorias para siempre.

—¿Qué hiciste después de que me fui? —insistí; mi pregunta la sacudió.

—Te escribí correos electrónicos a diario —contestó—, hasta que me dijiste que otra chica te gustaba. Y Lloré... Lloré por varios días... Así nos conocimos y así nos despedimos. Con lágrimas en la lluvia... Lágrimas ocultas, que solo nosotros sabíamos... Como dijiste que me habías recomendado con el director del hospital P. Adams para que hiciera mis prácticas profesionales, vine aquí solo por no dejar, y me asombré de la forma en que fui recibida gracias a tu recomendación. No sabía quién eras. Quiero decir, en este lugar. Hice mis prácticas profesionales y después me contrataron.

—¿Nunca trabajaste en otra empresa?

—Dejé de trabajar un tiempo, porque estuve en depresión, pero al final regresé. Sí. Desde que salí de la Universidad he estado aquí, en el hospital.

—¿Y cuándo te embarazaste? Dices que tienes un hijo de diez años.

—Yo no me embaracé. Mi hijo, digamos adoptivo, es en realidad de mi esposo. Él ya era papá antes de que nos casáramos.

—¿Conozco a tu marido?

—Tal vez. Se llama Romeo Prieto. Dirige la revista médica de la fundación.

—¿Dónde está su oficina?

—No tiene. Su oficina es una computadora. Hace diseños y programa páginas web. Trabaja en cualquier lugar donde pueda teclear. Sobre todo en casa.

—¿Y te llevas bien con él?

—Sí claro. Por supuesto. Me llevo muy bien —respondió con

más énfasis del necesario, lo que me hizo dudar de su veracidad; recordé que cuando le pregunté si era feliz, dijo: "Los seres humanos somos gregarios y simbióticos; por desgracia a veces hay personas cercanas que nos lo echan todo a perder".

Me extasié contemplando su mirada infantil y su boca sonriente que tantas veces besé... Me quemaba la alegría de convivir con alguien a quien no había dejado de venerar.

Cambió el tema de la charla.

—¿Todavía practicas apnea estática?

—Sí —contesté—. Eso es parte de mí. Construí un tanque especial para eso en mi casa —olvidando mis propósitos decorosos, me atreví a lanzarle un pequeño señuelo de seducción—. ¿Quieres conocerlo?

Me miró con suspicacia como conjeturando lo que podría suceder si aceptaba acompañarme.

Para mi sorpresa, contestó:

—Vamos rápido.

20

En mi casa falla mucho la luz

En el auto no hablamos. Ambos sabíamos lo que estaba pasando.

Fantaseé: cuando lleguemos a mi casa, meteremos el auto a la cochera. Ella detendrá mi portafolio mientras abro las chapas. Le ofreceré algo de comer, porque (por las prisas de estar solos) no cenamos. Me ayudará a preparar cualquier cosa; luego abriremos una botella de vino y brindaremos por los viejos tiempos. Iremos al cuarto secreto donde está la alberca. El lugar tiene aislante acústico y está en penumbras. Así lo construí para hacerlo como un mundo aparte. De cualquier manera hay algunas luces ambarinas muy pequeñas que quitan la negrura. Ahí, nos abrazaremos...

—¿Tu casa está muy lejos? —interrumpió mis cavilaciones.

—Está cerca —tragué saliva—. A diez minutos.

Sin duda los dos habíamos soñado recordando los detalles de aquella noche gloriosa cuando se desgajó el cerro. Y habíamos fantaseado con la idea de que la experiencia se repitiera. Algo tan hermoso no podía vivirse solo una vez. Teníamos una especie de cuenta pendiente y la íbamos a cobrar. Era apetecible, irresistible. Pero extemporánea. Fuera de *timing*.

Has vivido con cadenas antiguas, recordando lo que perdiste. Y sí. Has perdido mucho. Pero a pesar de haber perdido, no eres perdedor. El pasado te da conocimientos... ¡Quédate con eso y borra lo demás!

La miré de reojo. Se veía seria, pensativa, preocupada. Ella era una mujer casada, aunque adoptivo, tenía un hijo; yo no me atrevería a vulnerar la estabilidad de su familia. Incluso durante los días que habíamos trabajado en el curso, ni siquiera la saludé de beso, y evité todo contacto físico. Ella hizo lo mismo.

Los jóvenes que fuimos en la universidad ya no existen. ¡Se esfumaron para siempre! Elimínalos de tus añoranzas.

—Azul —le dije con voz mermada—. Me acabo de acordar que mi fosa de agua no tiene luz. Es decir, el cuarto, no tiene luz. Y la lámpara está muy alta. No se puede cambiar fácil. En mi casa falla mucho la luz.

—Me imagino —dijo como si hubiese estado encerrada y respirara una bocanada de oxígeno—, en esta ciudad el suministro de electricidad es malísimo.

—¿Lo dejamos para otra ocasión?

—Perfecto.

Di vuelta en U. Regresé al hospital.

La percibí alegre de nuevo.

Manejé despacio en un océano de contradicciones mentales. Energizado y alegre por haber hecho lo correcto, pero triste y enojado por no haber hecho lo que quería.

Llegamos a la isla de recepción. Un asistente salió a abrirle la puerta del auto.

—Nos vemos pasado mañana —dijo ahora adoptando aquella pose de emprendedora que promueve sus productos—. Estamos por comenzar los mejores temas. Ya pasamos lo que llamamos la *etapa de mantenimiento del sistema*; ahora viene el *escaneo de archivos*, para saber con qué contamos y cómo, a partir de tu realidad actual, puedes instalar *el programa maestro*. Es algo poderoso. Ya lo verás.

Sonreí con melancolía. No me entusiasmó su exhortación.

Todavía estaba temblando.

—Ahí estaré.

Salió del auto sin tocarme ni darme un beso.

21

Escaneo y programa maestro

5. INVENTARIO DE RIQUEZAS

Reiniciamos. Borramos de la memoria toda la información inútil, eliminamos el *malware* de culpas, quitamos el virus del miedo. Nuestro sistema está limpio. ¿Qué sigue?

Vamos al presente. Hagamos un escaneo de nuestros recursos y valores actuales; riquezas inherentes. Lo que tienes hoy. Vale demasiado. Aprende a disfrutarlo.

Cuentan de un joven que estaba con su maestro de vida junto al lago. El discípulo decía: «Maestro, tú eres admirable; sin importar la adversidad, siempre estás feliz; dime por favor, cuál es el secreto de la felicidad». Entonces el maestro le pidió al alumno que se inclinara frente al lago y tratara de ver el agua. El joven obedeció. El maestro le tomó la cabeza y lo empujó obligándolo a sumergirse. Como la inmersión le tomó desprevenido, el discípulo tragó agua. El maestro le sacó la cabeza y preguntó. «¿Entendiste?». El joven contestó: «No; yo te pregunté cuál es el secreto de la felicidad y tú casi me ahogas». El maestro le dijo «observa de nuevo». El joven se acercó y el maestro volvió a sumergirle la cabeza. Esta vez el discípulo aguantó la respiración. Luego, empezó a ahogarse. Hizo un gran esfuerzo por liberarse, pero no pudo. Al final, el maestro lo sacó. El joven estaba muy asustado. «¿Ya entendiste?» Preguntó el maestro... «Sí, ya entendí»; contestó el discípulo, «el secreto de la felicidad es aprender a disfrutar el aire que respiro».

¿Has tenido pérdidas? Es normal. Todos las hemos tenido. Pero aún respiras. ¿Sabes cuánto vale eso? El aire de tu vida es el lugar donde reposas tu cabeza para descansar, es la gente que abrazas y a quien amas, es tu cuerpo, tu libertad, tu mente, tu inteligencia, tus sueños, tus pequeños placeres. *Haz un inventario*.

Imagina que te encuentras en guerra y vas a pelear contra un enemigo muy poderoso. ¿Qué es lo primero que harías? Una lista de recursos. ¿Quiénes lucharan a tu lado? ¿Cuántas armas y escudos tienes?

TERAPIA CENTRADA EN SOLUCIONES:

Tu **INVENTARIO DE RIQUEZAS** en la vida se conforma de cuatro rubros: Gente. Activos. Conocimientos. Talentos.

GENTE: Enlista a las personas que estarían dispuestas a cubrirte las espaldas. Tal vez no sean muchas, ¡pero importan! ¿Hay alguien que te ama? ¿Tienes familiares, amigos, compañeros leales? ¡Esas personas son tu principal recurso! ¡No las menosprecies, ni creas que son poco útiles! Tómalas en cuenta para pedirles consejo, para invitarlas a tus proyectos, para volverlas parte de tu equipo. Recuerda que es mejor bien acompañado que solo. Y mal que bien, reconócelo: no estás solo. *Haz el inventario*.

BIENES MATERIALES: Aunque hayas perdido dinero o activos, todavía tienes algunos. Tu panorama financiero es distinto al de hace cinco o diez años, pero existe. Cuentas con recursos económicos y productivos. Tienes creaciones que se venden solas, que te han dado de comer y aún lo hacen. Tienes ganancias olvidadas. Ponlas en tu lista. ¡Relaciona tu riqueza económica real! *Haz el inventario*.

CONOCIMIENTOS: Lo que sabes es tu herencia más preciosa del ayer. Cada situación vivida te dio experiencia y sabiduría. Tu mente es un hervidero de ideas y conceptos. Has aprendido mucho. En múltiples aspectos, *eres genial*, porque lo que sabes ahora te hace irrepetible. De hecho, has vivido para enriquecer tu cerebro. ¿Qué conocimientos dominas? ***Haz el inventario.***

TALENTOS: ¿Qué haces bien de forma natural? ¿Para qué eres bueno? ¿Cuáles son los talentos que te fueron dados, y que convertiste en habilidades al entrenarte? ¿Qué dones te hacen una persona única? Tienes un pasado especial, una historia sui géneris y una combinación de virtudes que nadie más posee. Bien. Esos son tus talentos. ***Haz el inventario.***

No reniegues de lo que tienes. No quieras tener algo distinto. Aprovecha lo que es tuyo. Fortalécelo. Capitalízalo. Hazlo crecer.

Me llamo Benjamín. Mi mayor tesoro se llama Majito. Es ella quien me da la inspiración y la fuerza para salir del hoyo. En cuanto a la gente dispuesta a cubrirme las espaldas; en primer lugar veo a mi padre; he tenido diferencias con él, pero es un gran tipo y mi mejor baluarte. También identifico a mi amigo entrañable, Carlos Lisboa; el único que me defendió en la corte marcial. Y por supuesto, reconozco a Azul; mi principal recurso para emerger. Me encantó la frase del manual: «recuerda que es mejor bien acompañado que solo. Y mal que bien, reconócelo. No estás solo».

En la sesión de hoy, hice una lista de mis activos, conocimientos y talentos. Llené varias hojas. Y me sentí millonario.

Así como tienes grandes riquezas que debes engrandecer, quizá tienes enemigos a los que debes anular. Los enemigos te desenfocan y te quitan energía. A veces también afectan tu prestigio.

Hay dos tipos de enemigos: Los envidiosos, y los abusivos (o una combinación). **AL ENVIDIOSO** le pesa que a ti te vaya bien. Lo considera una afrenta. Por eso quiere que te vaya mal. (La envidia se define como "el pesar por el bien ajeno"). **AL ABUSIVO** lo mueve la ambición de quitarte lo que tienes, o al menos una parte. Sabe que si te presiona o te extorsiona vas a acabar dándole algo.

Todos hemos sufrido el ataque de envidiosos y abusivos. Los niños grandes golpean y empujan a los pequeños. Los chicos desenvueltos molestan a los tímidos. Los jóvenes populares repulsan a los estudiosos. Los hombres inseguros maltratan a sus esposas destacadas. Los opacos le escupen a los brillantes.

TERAPIA CENTRADA EN SOLUCIONES:

Hagamos un inventario de gente envidiosa y abusiva:

En el trabajo. ¿Tratas con clientes arbitrarios, compañeros insolentes, jefes despóticos? ¿Cómo te han atacado tratando de quitarte DINERO, PRESTIGIO, FORTALEZA? ¿Cuánto has perdido defendiéndote?

En la convivencia social o escolar. Piensa en tus vecinos agresivos, amigos resentidos, conocidos recelosos. ¿De qué forma te han hostigado?

En el sistema político. Piensa en inspectores corruptos,

policías deshonestos, autoridades mentirosas e inmorales. ¿De qué manera te han afectado?

En la familia. Piensa en esos parientes resentidos, hermanos ingratos, primos insidiosos, seres queridos egoístas... ¿Cómo has padecido por sus agresiones?

Para defenderte de un agresor, sigue estos pasos:

1. ENCÁRALO: escucha sus razones y trata de negociar. Tal vez, si es un abusivo que quiere algo, ni siquiera quiera tanto (hay gente que hace tormentas en vasos de agua), o tal vez no se trate de un enemigo real y te esté atacando porque tú le diste mensajes equivocados. Como quiera que sea, *lo primero, siempre es hablar*. Con frecuencia podrás llegar a acuerdos razonables para ambas partes.

2. CLASIFÍCALO: Si después de acercarte al agresor en buena lid, no logras llegar a ningún acuerdo porque el tipo te muestra los dientes, ya sea para ladrar o para sonreír falsamente, tendrás la seguridad de que es un *enemigo real*. Abusivo o envidioso. Clasifícalo.

3. DEFIÉNDETE: Los agresores atacan solo a los débiles (hasta en el reino animal ocurre). *Si eres realmente fuerte, te dejarán en paz.* Tal vez no lo seas, pero debes aparentarlo. Eleva tu imagen a un mayor nivel de fortaleza.

La imagen de fortaleza se compone de dos elementos: *Indiferencia y amenaza de contraataque*.

A. **INDIFERENCIA:** Los agresores se alimentan de lágrimas ajenas y cerebros tristes. Si les das lo que quieren, crecerán. De modo que aunque sientas enojo o dolor por el ataque, **no lo demuestres**; no llores, no patalees, no hagas berrinches. Ignora, desestima, desprecia las agresiones. Muéstrate impasible, inconmovible.

B. **AMENAZA DE CONTRAATAQUE:** Imagina una manada de lobos en la que dos insurrectos comienzan a agredir al líder; imagina que el líder aplica SOLO la indiferencia, y sigue trotando por la estepa; ¡los agresores acabarán con él! El líder tiene que voltear, gruñir más fuerte y dar una mordida mayor. Lo mismo tienes que hacer tú. Es la segunda parte del binomio. **Busca el lado débil del agresor y muéstrate discreta o abiertamente amenazante.** No debes de enojarte, pero en algún momento dramatiza y despliega tus recursos. Que el agresor conozca tu arsenal. Dale este mensaje con elegancia (o a gritos si es necesario): "Soy muy buena persona, pero no te conviene tenerme de enemigo, puedes perder mucho".

A una persona fuerte no se le puede aplastar. La gente le teme y le respeta. *Muéstrate fuerte.*

Por último, tal vez tus enemigos se han multiplicado en internet, y son muchos y ninguno a la vez. ¿Cómo contraatacas las oleadas de opiniones en tu contra? A ver. Los *influencers* hablan hasta por los codos, son simpáticos, y caen bien. Parecen sinceros y amables. Tienen opiniones vehementes. Por eso la gente les cree, y sus videos o artículos se vuelven virales. Si ese es su secreto ¡conviértete en un *influencer* para defender tu nombre!

Ante muchas murmuraciones en tu contra, no te hagas el ofendido, ni te vuelvas huraño, callado, mal encarado o descortés. Lo peor que puedes hacer frente a los ataques es mostrar soberbia.

Usa la misma técnica de los *influencers*. HABLA mucho, sonríe, *comunícate* con actitud amigable. Gánate la confianza de la gente con palabras inteligentes, opiniones fuertes y resultados admirables.

Emprende una campaña de noticias buenas respecto a ti. Si te equivocaste, di la verdad de tu error, pero también di muchas otras verdades positivas de ti que pocos conocen. Saca a relucir tus bondades y tus fortalezas. Tienes demasiadas.

Recuerda que el ochenta por ciento de la opinión que alguien tiene sobre ti, no se debe a tu buen historial ni a tus promedios, sino a **la ÚLTIMA EXPERIENCIA que vivió contigo**. Así que descrúzate de brazos y haz que otros tengan *buenas últimas experiencias* contigo.

Nadie puede hablar mal de alguien que emerge. Si surges al mundo demostrando resultados, estarás bien. Por eso, (no importa cuántas veces lo repitamos), amigo, amiga: ¡enfócate en resultados!

Has quedado bajo la superficie. Emerge o muere.

Me llamo Benjamín, soy doctor y odio tener enemigos. Durante años me negué a ver a mi suegra como adversaria. Hoy mismo, quiero pensar que es una mujer de buen corazón, agresiva por tanto sufrir. Ella fue esposa de un hombre alcohólico maltratador. Incluso, mi Barbie tuvo que escapar de casa varias veces para no ser molida a golpes por su padre trastornado, y evitar ser testigo de las crueles palizas a su madre.

Lo único que sé es que el dolor engendra odio y el odio agresividad.

Hoy yo soy víctima de una agresividad inusitada, producto

del odio que originó el dolor. Esa es la cadena...

Aprendí que debo clasificar a mi enemigo, y dependiendo de la categoría en que caiga, negociar, defenderme e incluso contraatacar.

Sé la teoría, pero sigo incapaz de actuar. Este primer módulo me ha cambiado la mentalidad. Me urge comenzar el otro que, según entiendo, está centrado en la acción. Porque es allí donde yo fallo. En actuar. Y ya no quiero fallar.

7. PROGRAMA MAESTRO

Hemos llegado al momento clave de la primera etapa. Estamos a punto de instalar el **PROGRAMA MAESTRO**. A partir de aquí, tendremos una visión clara para emerger. Al **PROGRAMA MAESTRO** le llamamos **MONOPOLIO DE SUPER-VACAS**.

Había una vez un granjero que tenía seis hijos y una vaca. La vaca les daba leche todos los días. Esa familia había perdido su granja en un tornado, pero salvaron a su vaca. La amaban. Era su mascota y fuente de alimentación.

Cierto día los visitó un supuesto maestro con su discípulo. El maestro entrevistó a la familia y se quedó pensativo. Esa noche, en la oscuridad, le dijo al joven discípulo:

—Esta familia es pobre por culpa de la vaca. Se aferran a ella y se limitan. Con este cuchillo voy a degollarla. Mañana la encontrarán muerta. Se verán obligados a sembrar un huerto, a comercializar legumbres y vender semillas; tal vez se hagan expertos en sistemas de riego y se vuelvan exportadores...

El maestro y el joven se acercaron furtivamente al pesebre, pero el granjero los había oído y los recibió con escopeta en mano.

—¡Lárguense de aquí! —les dijo—, ustedes se creen sabios pero son delincuentes. No tienen idea de lo que están haciendo. Si tocan a mi vaca, los mato.

Y el falso maestro y su discípulo salieron corriendo.

Algunos creen que un granjero debe matar a su vaca lechera, porque así se obligaría a incursionar en negocios magnos y desconocidos. Esto es absurdo. El granjero es experto en vacas. Y comete un error garrafal al querer dedicarse a crear productos extraños para él...

Si eres inteligente y tienes mentalidad enfocada a resultados no mates a tu vaca lechera; al contrario. Aliméntala, dale vitaminas, engrandécela, ponle un traje de super héroe y haz que se reproduzca. Enfócate en tener más vacas. Las mejores. Un **MONOPOLIO DE SUPERVACAS**.

Veamos. ¿Cuál es tu esencia, tu fortaleza, lo que te hace único?

Al "producto estrella" de las empresas se le dice *vaca lechera*. Es el que le da de comer a todos. A lo largo de los años, de manera discreta, callada y humilde ha sido la fortaleza de la organización.

El MONOPOLIO DE SUPERVACAS se hace fortaleciendo tus riquezas. Volvamos al inventario: GENTE, ACTIVOS, CONOCIMIENTOS Y TALENTOS. Muy bien. Ahora genera estrategias engrandeciendo lo que tienes.

TERAPIA CENTRADA EN SOLUCIONES:

¿Cómo engrandecerás a tu gente? Ya sabes quienes son. Tal vez tienes una pareja, unos hijos, y unos amigos o compañeros confiables. ¿Puedes tratarlos mejor de como los tratas? ¿Puedes aliarte a ellos y volverte su socio? Deja de perder tiempo intentando hacer lazos con personas desconocidas y confía más en los tuyos. Enfócate en fortalecer a tu gente. Si tu gente crece, tú creces. Hazlos fuertes, y eso te hará más fuerte a ti.

¿Cómo engrandecerás tus bienes? Tienes activos, negocios, productos o servicios que funcionan y te han producido utilidad. Ya hiciste el inventario. ¿Puedes renovarlos, y lanzarlos al mercado en una versión mejorada? ¿Puedes evitar darlos de baja y enfocar tus esfuerzos financieros en ellos? No siempre te conviene diversificar. Los grandes millonarios tienen un común denominador: Invierten todo al negocio o proyecto en el que creen. Todo es todo. Y lo engrandecen al máximo hasta conseguir el **MONOPOLIO DE LAS SUPERVACAS**. En vez de diversificarse en cien negocitos mediocres e invisibles, puedes apostar todo a uno prominente que conoces bien.

¿Cómo engrandecerás tus conocimientos? Tú sabes muchas cosas (y en tu juventud eras multidisciplinario), mas para lograr resultados en **DINERO, PRESTIGIO Y FORTALEZA**, necesitas convertirte en *AUTORIDAD de una área*. ¿Cuál es **ese terreno en el que *ya sabes algo*?** ¿Puedes engrandecerlo? ¿Puedes estudiar más sobre lo que ya conoces y aprender todavía más, hasta que no haya otra persona en el mundo que sepa más de ese tema? Toma cursos sobre lo que ya dominas y vuélvete un erudito representante mundial de esa área.

¿Cómo engrandecerás tus talentos? ¿Cuáles son las cosas en las que eres poco diestro o poco dotado? Muy bien. ¡Pues no pierdas el tiempo tratando de practicarlas! ¿Cuáles son las cosas que haces bien de forma natural porque se te facilitan? ¿Las identificas? Entonces practícalas más y hazlas aún mejor. Irrumpe en la opinión pública haciendo gala de habilidades únicas que has perfeccionado a niveles que nadie puede imitar. Deja de ser el aprendiz de todo y vuélvete maestro de algo. ¡Ya!

Basta de empequeñecer y despreciar tus riquezas. ¿Te enemistas con la gente que te quiere para buscar relaciones nuevas? ¿Despilfarras tus activos útiles para invertir en negocios que no conoces? ¿Desestimas lo que sabes, dedicándote a aprender (mal) otras cosas que no sabes? ¿Abandonas las actividades para las que tenías talento y practicas labores nuevas de forma mediocre?

Si desprecias tus riquezas, perderás. Punto. Perderás **DINERO, PRESTIGIO Y FORTALEZA**. Te sentirás con una losa de enojo y cansancio. Porque estarás haciendo mucho sin lograr nada. Porque tus resultados serán pobres.

Usa tus talentos, experiencia y visión única del área profesional que dominas; también inspírate en tu dolor y problemas. Con esa amalgama de unicidad, EMPRENDE TU GRAN PROYECTO. Después de todo, eres un "granjero con experiencia": ¡no se te ocurra matar a tu vaca!

La vida da muchas vueltas y el mundo cambia a pasos agigantados. Emerge o muere.

Me llamo Benjamín, soy doctor y estoy trabajando en mi **PROGRAMA MAESTRO**. Tengo una buena plataforma de donde partir. En el aspecto mental, cuento con la experiencia de la música, la medicina, y la sensibilidad humana que solo puede darte el ser padre de una niña como Majito. En el área espiritual soy especialista en las bondades del silencio; sé encontrar a Dios en la quietud de mi interior cuando cierro los ojos, tapono los oídos y contengo la respiración...

Soy una persona singular, y tengo el potencial para crear un servicio único al cliente, en el que se amalgame la esencia de mi combinación de dones y dolores.

El propósito de mi vida productiva a partir de hoy es darle forma a mi **PROGRAMA MAESTRO**.

Espero lograrlo pronto.

22

¿Ni siquiera dos minutos?

Las cosas habían cambiado en mi universo interior.

Cada sesión de trabajo con Azul me generaba resultados, no en dinero ni prestigio, pero sí en fortaleza. Según el círculo virtuoso de la productividad, por ahí se comenzaba...

Esa noche, después de terminar la sesión sobre el PROGRAMA MAESTRO regresé a casa, reflexivo. Tenía que hacer algo diferente. Algo que nadie pudiera hacer más que yo... Algo que nunca hubiera hecho.

> Mírate al espejo. Ese eres tú. Frente a ti tienes lo que hay. Una persona sensible, inteligente, noble. Tus cicatrices te hacen más fuerte. Sé valiente. ¡Comienza desde aquí!

Ya no quería ser el médico desterrado, ni el hijo retraído, ni el padre timorato, ni el amante caducado.

Apenas llegué a casa fui a la computadora. Revisé las alertas de Google. Había dos notificaciones nuevas con mi nombre. Sentí una especie de toque eléctrico en la sien. Siguiendo la ruta señalada por el buscador, entré a las páginas de noticias médicas, y leí una nueva reseña sobre mí. Era otra nota en menoscabo de mi nombre. Una vez más *El vigilante incansable* discurría sobre mi informalidad, impuntualidad y falta de enfoque. Todo parecía reiterativo y anodino. Pero seguí leyendo y encontré algo más que me heló la sangre: Mi detractor hablaba de la muerte por preeclampsia y se atrevía a hacer conjeturas sobre cómo me habría afectado.

> Él siempre ha creído que fue causante del fallecimiento de su propia madre. Eso lo convirtió en un individuo inseguro e inestable.

¡Un momento!

Me puse de pie, enfurecido. Eso no lo sabía nadie más que mi familia cercana. Padre, hermanos y... ¡por supuesto lo sabía mi esposa! ¡De hecho era su argumento favorito cuando quería darme una estocada letal!

Papá no creía que mi suegra fuera la autora de los ataques anónimos. ¿Pero entonces quién? ¿Mis hermanos? ¿Qué ganarían ellos haciendo públicos nuestros secretos familiares?

Había una nota más. Y era peor aún. Insultante y personal. Hablaba de mi hija. El redactor la llamaba "retrasada mental" y aseguraba, volviendo a cuestionar mi equilibrio emocional, que haber engendrado a una niña con esa "tara" me había hecho una persona llena de odio y frustración.

¡Eso sí era demasiado! Nadie en su sano juicio podría usar ese tipo de argumentos discriminatorios y perversos sin poner en evidencia su recóndita maldad. Era ella. Tenía que ser ella. Doña Julia. Una mujer astuta. Harta de ser secretaria quiso seducir a su jefe, mi padre; pero mi padre la usó y luego la despreció; así que ella echó mano de su arma más extraordinaria: su preciosa hija modelo, alta, de aspecto encantador. Hizo los arreglos para sentarla junto a mí en la misma mesa durante el aniversario del hospital. Y a mí me encantó su abrumadora belleza, pero también su ingenuidad. Luego convenció a Barbie de embarazarse. Barbie no lo planeó. Fue su madre. Y Barbie se arrepintió. Gritó, lloró y pataleó; no toleraba la idea de perder su magnífica figura. Decidió abortar y yo la detuve. Sabía que era una mujer muy lastimada por su padre alcohólico, golpeador. Me intrigaba la idea de ayudarla a salir adelante y convertirla en una diosa. Le pedí matrimonio. El plan de doña Julia funcionó. Casi. Porque yo me quedé sin un centavo y Barbie murió... Doña Julia no estaba dispuesta a conformarse; así que me denunció. Interpuso una demanda de homicidio premeditado. Logró hacer que mi estatus pasara de culposo a doloso.

Estaba sudando. Mis manos temblaban. Volví a las notas de internet.

Había más escritos en los que se mencionaba mi nombre, esta vez en páginas de sátiras y mala muerte. Me decían "chamán", "curandero", "asesino sin escrúpulos" y una larga retahíla de imprecaciones viscerales.

Apreté los puños con mucho coraje. Mi suegra estaba infectada, invadida y carcomida por un virus depredador. Y tenía a mi niña. Debía quitársela cuanto antes. Me levanté y caminé de un lado a otro buscando soluciones. No vi ninguna. Si me llevaba a mi hija por la fuerza, me acusarían de secuestro y entonces sí echaría todo a perder. Tenía que moverme de manera legal. Necesitaba el certificado M.E.R. para probar que había tomado el entrenamiento de productividad personal. Pero no nada más. Necesitaba demostrar *con resultados* que era una persona productiva. Debía convencer al cuerpo médico para que me devolviera mi licencia. Tenía que hacer una campaña intensiva para contrarrestar el desprestigio y recuperar mi buen nombre. Y además de todo eso, necesitaba convencer al juez federal de que no maté a mi esposa.

Me punzaba la cabeza. Fui directo a mi tanque de apnea. Esta vez no me quité la ropa; me tiré al agua con todo y zapatos. Nadé hasta el fondo. Tomé el cinturón de plomo y me lo puse.

Hablemos de resultados. Tú eres una persona productiva porque estudias, trabajas, creas productos y servicios, haces negocios e interactúas con otros. No hagas lo anterior solo por hacerlo. Enfócate en resultados.

Apenas aguanté minuto y medio sin respirar debajo del agua.

—¿Qué te pasa? —me reclamé—, ¿ni siquiera dos minutos? ¡Concéntrate!

Volví a intentarlo. Pero no logré el silencio en mi interior. Estaba enloqueciendo.

A una persona fuerte no se le puede aplastar. La gente le teme y le respeta. Muéstrate fuerte.

Salí de nuevo. Esta vez apenas aguanté un minuto.

No podía apartar de mi mente la dulce mirada de Majito. ¿Me extrañaría? ¿Estaría bien? Ni siquiera sabía en qué condiciones se encontraba. Quería verla. Necesitaba verla. ¿Pero, qué hacía? ¿Le hablaba al abogado? ¿Buscaba al juez? ¿Negociaba con mi suegra? En este momento no era nadie. No tenía poder de negociación.

Tu nombre te abre o cierra puertas. Te facilita o dificulta las cosas. Te genera beneficios o perjuicios. Tu nombre es una marca y las marcas tienen valor. Recupera el valor de tu marca. Hazte valer.

Salí del agua y fui a la ducha.

No me importaba que fueran casi las once de la noche. Majito sufría de insomnio crónico. Seguro estaría despierta.

23

Una conexión muy fuerte

Mandé un mensaje al teléfono de su nana.

»Buenas noches, Ada. ¿Cómo está mi estrellita?

Contestó a los pocos segundos.

»Bien, doc; ya sabe, es muy rejega para dormirse ☹.

Era justo lo que quería oír.

»¿Y doña Julia? ¿Anda por ahí?

»Ella es todo lo contrario. Se duerme bien temprano.

Tenía que hacerlo. Miré el reloj. Si manejaba con agilidad podía llegar rápido a la casa de mi suegra. A esa hora no había tráfico.

Me vestí a toda prisa. Salí al garaje y escribí.

»Ada, necesito ver a mi niña, voy para allá. Llego como en quince minutos; por favor, ábrame la puerta de la casa; entraré con mucho cuidado para no hacer ruido. Estaré con Majito unos minutos. Solo unos minutos. Se lo suplico.

En la pantalla de chat, sobre el nombre de Ada, apareció el rótulo "escribiendo"; luego desapareció, como si ella estuviese pensando qué decir; volvió a aparecer y otra vez desapareció. No esperé más. Arranqué el auto y aceleré. Majito era mi vida, mi ternura, mi inspiración. Le había escrito más de cincuenta poemas y canciones. De no ser por ella, mi vida no tendría sentido.

Casi al llegar a mi destino, recibí el indeciso recado de Ada.

»Doc. Es muy mala idea que venga. Y peor tan tarde. Qué pena, pero lo siento mucho.

Ignoré el mensaje; seguí manejando con rapidez. En pocos minutos llegué a la casona. Salí del auto. Varios perros de vecinos comenzaron a ladrar.

Escribí en el chat.

»Ada. Ábrame por favor. Ya estoy aquí. Necesito ver a mi hija. Me falta el aire sin ella. Siento que me muero. Serán solo unos minutos.

Esta vez contestó de inmediato.

»No. Ya le dije que no. Creo que hasta es ilegal. Si le abro, me van a correr.

«Ada, por favor. Mi suegra está dormida. No se va a enterar. Se lo suplico.

»Lo siento. No puedo.

Lancé un gruñido de coraje. Apreté los puños y giré sobre mi eje mirando las marquesinas de la casa. ¿Y si me trepaba y entraba como ladrón? Eso sería peor. Los vecinos podrían verme. Había cámaras en la calle. Llamarían a la policía y entonces sí iría a la cárcel. Y mi suegra lo disfrutaría. Mejor tocaría la puerta como persona civilizada.

Oprimí el botón del timbre. Los perros de los vecinos ladraron más. No se veía movimiento.

Mi abogado solo decía que debíamos esperar. ¡Esperar! Llevaba dos meses sin ver a mi hija. Entre presentaciones de pruebas, refutación de declaraciones, amparos, apelaciones, posposición de audiencias.

Apreté la mandíbula.

Tenía prohibido acercarme a esa casa. Estaban evaluando mi conducta y equilibrio emocional; si hacía una tontería podía perder la custodia de mi hija para siempre.

Subí al auto.

Arranqué y avancé.

Antes de dar vuelta en la esquina vi por el retrovisor. Había sucedido algo extraño. La puerta de la casona se había abierto, y Ada estaba en la calle. Frené. Me eché en reversa. Bajé a toda prisa.

—Doctor Benjamín —la nana se veía muy nerviosa—, yo no debo hacer esto... Pero usted tocó el timbre y Majito adivinó... ¡No lo va a creer! Nadie lo va a poder creer, ¡pero es cierto!, hay como una especie de conexión entre usted y su hija. Algo muy fuerte, que hasta me da susto. Desde que usted me estuvo escribiendo al teléfono, la niña empezó a preguntar por su papá. Y a llorar. Yo no le dije nada de que estaba hablando con usted, y luego, ahorita, se puso peor. ¡No pude calmarla!

Si el juez decía que yo era desequilibrado emocional, casi al punto de estar loco, sería verdad. Por ver a mi estrellita perdía la razón. No pregunté si mi suegra estaba despierta o si había peligro de ser descubierto. Entré a la casa a toda velocidad.

La nana cerró la puerta de la calle y me siguió.

Desconocía el lugar. Era grande, con paredes sucias y olor rancio. En sus buenos tiempos debió ser una mansión hermosa, pero hacía lustros que nadie le daba mantenimiento. Estaba oscuro. Alumbré con el celular. Agucé el oído tratando de descubrir dónde estaba mi niña. Ada me alcanzó.

—Sígame, doctor, por aquí. No se vaya a tropezar, porque ya se dio cuenta que no hay focos. Doña Julia trata de ahorrar luz.

Salió al patio trasero y comenzó a subir por una escalera de caracol desvencijada. ¿Sería posible? ¿La señora mandó a mi pequeña a una habitación remota en la azotea?

—¿A dónde vamos?

—Al cuarto de servicio.

Llegamos. El sitio era pequeño. Había un colchón individual en el suelo y cobijas sobre las que alguien dormía. Mi estrellita estaba recostada. Con los ojos cerrados. Tomando leche de una mamila. Aunque tenía nueve años de edad, en algunos aspectos su madurez era de tres... Me acerqué y aspiré su olor. Ella también me olió. Abrió los ojos.

24
Hay un problema
Majito no sabe mentir

—¡Papá! —gritó—, ¡papá! —se colgó a mi cuello—. ¿Dónde tabas? Papá, papá, papá.

—¡Estrellita! Aquí estoy —la voz se me extinguió; quise decirle al oído: eres mi vida, eres mi aire, eres mi todo; pero no pude hablar y me limité a abrazarla. Ella también me abrazó. Luego comenzó a acariciarme la cabeza. Repitió la pregunta:

—¿Dónde tabas, papá?

Ada nos contempló con los ojos llenos de lágrimas.

—Tuve que viajar, hija —mentí.

—No quiedo que viajes. ¿Dónde tabas? Papá. No te vayas.

—Siempre voy a estar contigo, mi estrellita.

—Hace mucho que no te veo, y yo testraño.

—Sí, amor, yo también te extraño. Vamos a estar juntos. Solo tengo que arreglar unos problemitas, pero cuéntame ¿cómo te ha ido en la escuela?

—Bien, me va bien. Voy a la escuela. Juego con amigos. En las tades voy con Ada a los columpios.

—¿Tu abuela te trata bien? ¿Te regaña? ¿Te pega?

—No. No me pega. A veces guita. Se enoja. Poque soy mala.

—¿Quién te dijo que eres mala? ¿Tu abuela? ¿Te grita? —La niña se encogió y abrazó una almohada; me di cuenta de que le estaba causando ansiedad; cambié de tema—. Mi estrellita, preciosa. ¿Quieres ver una película?

—Aquí —me dijo—, vamotave una película.

No había un sillón; ni siquiera una silla. Ella se recargó en la pared. Dio unas palmadas al colchón para que me sentara junto a ella. Obedecí. Tomó el control remoto y encendió la televisión. Al menos tenía internet. Me asombró lo diestra que era para navegar en las aplicaciones. ¿Quién dijo que los niños con síndrome de Down son retrasados mentales? ¿Quién se atrevía a rechazarlos porque son diferentes? Sin duda necesitan ayuda y no logran alcanzar a los demás en algunas áreas del conocimiento, pero, en la parte afectiva y social, son muy aventajados. Al menos mi Majito lo era. Sabía conectar con la gente; miraba a los ojos; detectaba las reacciones; interpretaba el lenguaje no verbal. Muy pocos pequeños de su edad tenían ese nivel de inteligencia emocional. Incluso había adultos que nunca lograban el carisma de esos niños.

—*Ya puse la película* —no me dio a escoger; eligió una clásica de princesas; me recargué en la pared a su lado; me acarició una mano, luego el brazo, luego la cabeza. Era increíble su capacidad para dar y demostrar amor. El juego de caricias continuas de nuestra hija era algo que Barbie no soportaba. Apartaba a la niña con hostilidad diciéndole que dejara de hacerle cosquillas. Y Mari Jose obedecía. Pero seguía realizando el movimiento con las manos como acariciando al aire. Mi esposa se enojaba también por ese reflejo y prefería apartarse. Entonces llegaba yo y me ofrecía como voluntario a recibir las caricias de nuestra niña... Podía pasarme horas con ella. Y Barbie me llamaba holgazán.

Mi nena... Se recostó en mis piernas, y siguió acariciándome la pantorrilla. Ada estaba en el otro rincón del cuartito sentada sobre las cobijas, en el suelo.

Después de un largo tiempo, Majito empezó a cabecear. Me quedé inmóvil hasta que se durmió.

La película terminó. Iban a dar las dos de la mañana.

Acomodé a mi estrellita y me puse de pie. Ada hizo lo mismo.

—Gracias —le dije y la abracé—. Muchas gracias.

Ambos sabíamos que lo que hice no estuvo bien. Que me arriesgué demasiado y que le ocasionaría una gran ansiedad a la pequeña cuando se despertara y no me viera. Pero también sabíamos que mi hija y yo necesitábamos estos momentos juntos.

—Ya sé cómo salir, Ada. No hace falta que vaya conmigo.

—Espere, doctor. Hay un problema: Majito no sabe mentir.

—¿A qué se refiere?

—Ella, bueno, pues usted la conoce, es muy inocente y abierta, no se calla las cosas; ya sabe, lo que piensa lo dice, y creo que mañana lo primero que va a hacer es platicarle a su abuelita que usted vino a verla. Y que yo lo dejé entrar…

Hasta entonces me di cuenta de la magnitud de mi error.

—Explíquele la verdad. Es dolorosa, pero tiene que saberla. Ella no debe hablar; si comenta que me vio, nos van a separar para siempre.

La mujer constriñó el rostro en señal de disconformidad.

—¿Ya se escuchó a usted mismo, doctor? ¿Cómo cree que le voy a enseñar a una niña como ella que se calle, porque si dice la verdad, va a tener la culpa de que se lleven a su papá?

Tenía razón. Expuse otra opción, ya sin tanta seguridad.

—¿Y si usted se anticipa y habla con mi suegra? —la tomé de los brazos—. Mire. Majito a veces dice cosas imaginarias. Habla de duendes y princesas de cuentos. Dígale a doña Julia que la niña me extraña y ha estado diciendo que ha soñado que su papá ha venido a verla.

—Puede ser…

—Una cosa más. Borre nuestras conversaciones del teléfono.

—Sí. Claro. Eso ya lo había pensado. Lo acompaño a la puerta, doc. Tengo que cerrar.

Comenzó a ponerse los zapatos. Me adelanté. Salí del cuartucho y bajé las escaleras de caracol procurando no hacer ruido. Como la casa estaba en oscuridad, usé la lámpara del celular para alumbrarme. Atravesé la estancia central rumbo a la calle.

Entonces me topé con mi suegra. Fue repentino. Inesperado. Apreté la boca para no gritar. Ella sí gritó. Llevaba una vela mortecina. Le alumbré la cara. Se tapó y miró para otro lado.

—¿Qué haces despierta a esta hora, Ada? Un día me vas a ocasionar un infarto.

Me quedé impávido a tres metros de distancia. ¿Me confundió con Ada? Aproveché para moverme hacia las sombras. La nana venía detrás de mí; me rescató.

—Disculpe, señora. Bajé por un vaso de agua.

—Carajo. Ten cuidado.

—Sí, señora.

Doña Julia regresó a su habitación. Salí corriendo con sigilo, subí a mi auto y aceleré.

25

Usted debe de tener influencias

He estado aquí, encerrado, dos noches y un día. Treinta y seis horas. A pesar de que me encuentro en detención provisional, me han alimentado bien, y me permiten salir al baño de los empleados. Sé que es raro. De hecho, no estoy en una cárcel. Esto es una oficina en la que he podido releer el manual del curso, escribir mi testimonio con tranquilidad y tenderme en el suelo cuan largo soy, como hacen los viajeros de los aeropuertos cuando se ha cancelado el último vuelo de la noche.

La puerta se abre despacio. Es el custodio.

—Buenos días, doctor, voy a pasar. —Trae una bolsa con comida—. La dejo sobre la mesa.

—¿Usted me conoce, oficial? —pregunto—. ¿Por qué me trata tan bien?

—Sí, doctor. Disculpe —contesta—. Sí, lo conozco. Usted operó a mi papá de la columna vertebral hace dos años. No sé si lo recuerde; mi papá estaba en silla de ruedas, con dolores terribles; tenía un tumor raquimedular. Quedó de maravilla después de la cirugía. Yo y mi familia estamos muy agradecidos con usted.

—Sí. Lo recuerdo. ¿Ramos se apellida su papá? —el custodio asiente sonriendo—. La cirugía no la hice yo. Fue todo un equipo... Pero qué pequeño es el mundo. Y qué contradictorio. ¿No le parece? Mire dónde estoy ahora.

—Sí —concede—, qué pena. Esperemos que su problema se arregle pronto y pueda salir.

—Gracias. Esperemos que sí... Y dígame una cosa, oficial Ramos. ¿Esto es normal? Quiero decir, ¿tienen a las personas

26

Medición de resultados

8. ESTRÉS DIRIGIDO A LA ACCIÓN

Hay una corriente ideológica en contra del estrés; dice que debemos evitarlo a toda costa "porque el estrés engorda, baja las defensas, causa enfermedades, ocasiona infartos y acorta los años de vida". Es mentira.

Kelly McGonigal, psicoterapeuta de la salud, se dedicó durante años a difundir que el estrés era malo. Hasta que la evidencia científica le demostró lo contrario. Y tuvo que disculparse públicamente. Ella es una de las especialistas que difunden **LA NUEVA CIENCIA DEL ESTRÉS**.

El paradigma del "estrés dañino" ha causado más perjuicio a la sociedad que el estrés mismo. Por todos lados deambulan personas improductivas e hipocondriacas que se la pasan diciendo que el trabajo les estresa.

Todos hemos sentido los síntomas físicos del estrés: el corazón late más rápido, la respiración es más intensa, podemos sudar, tener las pupilas dilatadas y agitarnos.

- Quienes están convencidos de que sentir lo anterior es señal de peligro, se angustian más y su angustia genera una cascada de efectos nocivos: gastritis, cefaleas, hipertensión, taquicardia, anorgasmia.

- Por otro lado, quienes ven las señales físicas de estrés como indicio de que su cuerpo se está cargando de energía, poniéndose alerta, entrando en una posición de enfoque necesaria para enfrentar desafíos, no sufren ninguna consecuencia física negativa.

Así, no es el miedo lo que te mata, sino el miedo al miedo. Pero esa es la peor trampa. Porque la vida da muchas vueltas, y no hay que tenerle miedo.

La nueva ciencia del estrés está basada en comprobaciones acreditadas sobre los beneficios de aceptar vivir en cierto riesgo constante. Si nuestra mente sabe y entiende que el estrés provocado por los retos, es algo positivo, el cuerpo generará los mecanismos fisiológicos de reacción para mantenerse sano.

El ESTRÉS DIRIGIDO A LA ACCIÓN es bueno; nos brinda satisfacción y alegría de vivir. ¡Es necesario para emerger y ganar! Lo que daña, es el **ESTRÉS CRÓNICO PASIVO**; el que se traduce en miedo paralizante, en preocupación y ansiedad estática.

El Método Timing nos enseña a trabajar con ESTRÉS DIRIGIDO A LA ACCIÓN. Lo que Csikszentmihalyi, psicólogo de la universidad de Chicago, denominó **ESTADO DE FLUJO**. Este eminente científico determinó que cuando una persona se ve obligada a enfrentar retos muy fáciles de alcanzar, *se aburrirá*, pero si se ve obligada a enfrentar retos imposibles, *se angustiará*.

Ni el aburrimiento ni la angustia son emociones productivas. Por eso debemos buscar el **ESTADO DE FLUJO**. Cuando enfrentamos retos difíciles, pero alcanzables, experimentaremos el **ESTRÉS DIRIGIDO A LA ACCIÓN** y actuamos con energía, sin miedo al fracaso, decididos a dar lo mejor, alcanzando metas con una felicidad intrínseca.

Cuando sientas estrés, pregúntate: ¿El estrés que siento es paralizante (y yo no estoy haciendo nada más que preocuparme)? ¿O el estrés que siento me activa y me hace moverme hacia el logro de resultados específicos? En el primer caso, sí; el estrés te enfermará. En el segundo, no; el estrés te hará crecer, emerger, ganar...

Estamos decididos a crecer, emerger y ganar. Por eso buscamos **ESTADO DE FLUJO:** El **TIMING PERFECTO,** el **ESTRÉS DIRIGIDO A LA ACCIÓN.**

TERAPIA CENTRADA EN SOLUCIONES:

El estrés proviene de la incertidumbre. Piensa en aquello que te causa incertidumbre. ¿Qué situaciones no tienes bajo control? ¿Qué asunto pendiente podría salir mal? ¿Qué tienes riesgo de perder? ¿Qué debes demostrar? ¿Qué problema no se ha resuelto? Ahora, convierte todo ello en **ESTRÉS DIRIGIDO A LA ACCIÓN:**

1. Acepta que no siempre tendrás el control, pero que a la larga todo va a estar bien.

2. No te paralices, no renuncies, no te pelees con la gente, no abandones el campo de acción; no te escondas.

3. Ocúpate, enfrenta los retos, habla, conquista el terreno con tu presencia, sé valiente y da la cara.

Me llamo Benjamín. Soy doctor y siempre he sido enemigo del estrés. Tanto del crónico pasivo como el dirigido a la acción. Cualquier tipo de estrés me ha causado desagrado. De hecho, mi carácter recesivo se debe justo a ese deseo antiguo de evadir cualquier tipo de presión.

Desde niño aprendí a esconderme y a quedarme quieto, con tal de no sentir estrés. Hoy entiendo que lejos de resolver un problema, lo estaba agravando.

Aunque no será fácil, debo proponérmelo de forma consciente: quiero aprender a disfrutar el estrés.

9. VERSIÓN DE COMPETENCIA

- Has limpiado tu memoria.
- Has eliminado el malware de culpa y el virus del miedo.
- Hiciste un inventario de tus riquezas y clasificaste a tus enemigos.
- Instalaste el **PROGRAMA MAESTRO** de tu persona.
- Ahora sabes quién eres y no le temes al estrés.

Solo te resta instalar la nueva actualización de tu programa mental. Se llama *Versión de competencia*.

Hay dos versiones de tu persona. La antigua, **VERSIÓN MEDROSA**, programada para dar excusas. La nueva versión, fuerte, **DE COMPETENCIA**, programada para dar resultados.

En tu antigua versión (**MEDROSA**) llegaste a decir que ser competitivo causa divisiones, discrimina a los débiles y provoca irritación.

Muchas personas mantienen esa **VERSIÓN MEDROSA**: Creen, por ejemplo, que en las escuelas ni siquiera se deberían calificar a los niños para que los menos aventajados no se sientan discriminados. Pero algo no funciona en esa lógica ¡porque hasta los niños saben quién estudia más, participa más y avanza más!

Al menos la mitad de nuestro ADN está cargado con un fuerte instinto de competición. 300 millones de espermatozoides se lanzaron a competir desaforados para que uno solo ganara el privilegio de fecundar al óvulo del que nacimos. ¡Somos más competitivos de lo que creemos!

A las personas improductivas les viene bien la ideología MEDROSA porque prefieren pedir al Estado (o al jefe o al rico) que los mantenga. No quieren esforzarse, no quieren ser probados ni presionados. Defienden derechos sindicales vitalicios.

La Perestroika asegura que si se repartieran de forma equitativa todos los bienes de la tierra, a los 5 años la mayoría de los ricos volverían a ser ricos y la mayoría de los pobres volverían a ser pobres. Porque la riqueza o la pobreza son condiciones mentales, no financieras.

En un mercado de libre competencia siempre habrá gente que destaque y gane más. ¿Quiénes? Los de mejor actitud, preparación y productividad. ¿Quieres ganar más dinero? ¿Sobresalir? ¿Ser reconocido? ¡Pues disponte a competir como nunca antes! ¡Compite sobre todo contigo mismo! ¡Vuélvete un ser aferrado, decidido, valiente para la batalla!

COMPETIR es contender contra *parámetros medibles* aspirando a igualarlos o superarlos; es establecer objetivos y alcanzarlos.

No se trata de compararse con los demás o volverse un envidioso contendiente. El que quiere ser grande aplastando a otros es en realidad un mediocre.

Queremos un mundo de ganadores, no de perdedores. Todos tenemos el derecho a crecer. Pero ocúpate de ti.

TERAPIA CENTRADA EN SOLUCIONES:

Establece números de medición:

Eleva tu prestigio. Pon *fechas y parámetros*. Qué harás en cuanto a cantidad de exposiciones públicas, confrontación a enemigos, difusión de tus logros e ideas.

Gana más dinero. *Fechas y parámetros*. Número de clientes atendidos. Comisiones. Utilidades. Saldos de ahorro.

Aumenta tu condición física. *Fechas y parámetros.* Kilómetros que quieres correr por semana, kilos que quieres bajar en un determinado tiempo.

Mejora tus relaciones interpersonales. *Fechas y parámetros.* Personas con las que vas a reunirte. Objetivos por lograr. Temas por platicar. Problemas por solucionar.

Instala la **VERSIÓN DE COMPETENCIA** en tu cerebro: A partir de ahora, para obtener grandes resultados en **DINERO, PRESTIGIO Y FORTALEZA**, deberás ser más competitivo. Inscríbete a concursos, haz más de lo que has hecho. Compite contra ti. Compite contra el tiempo y contra los presupuestos. Compite urgentemente; porque sin urgencia te quedarás debajo de la superficie.

Me llamo Benjamín. Soy doctor y estoy enfocado en resultados. Los resultados se miden con números, igual que la salud. Cuando un paciente se realiza análisis clínicos, lo que recibe son gráficas, rangos, percentiles, índices. Es decir, mediciones numéricas.

TODO LO QUE SE PUEDE MEDIR SE PUEDE MEJORAR.

*Quiero resultados en **DINERO, PRESTIGIO Y FORTALEZA**. Así que debo medirme.*

Estas fueron las mediciones que hice al inicio de la terapia:

DINERO. *¿Cuánto dinero tenía ahorrado, y cuánto valían mis inversiones? La conclusión inicial fue que me quedé con un 2% de la riqueza que alguna vez tuve.*

RESULTADO: 2

Pero mi meta este año es elevar 1000% mi DINERO.

¿De qué forma?

PREGUNTAS CAPITALES: *¿Cómo puedo hacer que la empresa para la que trabajo tenga más clientes y que los clientes paguen más? ¿Cómo puedo hacer que mi trabajo genere ahorros económicos?*

PRESTIGIO. *¿En promedio, cómo me percibían las personas que me conocen? La conclusión inicial en una escala de 1 a 10 según las **PREGUNTAS CAPITALES**, fue:*

¿CALIDAD DE MI TRABAJO?
(cumplir promesas profesionales) —— *Calificación: 2*

¿NIVEL DE COMPROMISO?
(presencia física y moral) —— *Calificación: 6*

¿NIVEL DE INTEGRIDAD?
(lealtad, credibilidad) —— *Calificación: 5*

RESULTADO: 4.3

Mi meta ahora es llegar a 10 en la calificación de PRESTIGIO.

FORTALEZA. *Después de contestar un largo cuestionario medí numéricamente mi nivel de **FUERZA INTERIOR**.*

PREGUNTAS CAPITALES: *¿En el último año he DADO a otros, clases, consuelo, consejos, esperanza, ayuda? ¿He CREADO música, literatura, pintura (arte), sistemas, proyectos? ¿He PROCEDIDO a lo correcto, lo ético, lo excelente, lo digno? ¿He MEJORADO física, intelectual, emocional o espiritualmente?*

RESULTADO: 6

Pero mi meta ahora es llegar a 10 en FORTALEZA.

PROMEDIO GENERAL DE MIS RESULTADOS INICIALES: 4.1

Inicié el programa reprobado.

Hoy tengo claridad en NÚMEROS respecto a lo que voy a

*hacer. Porque entendiendo que **los resultados se miden**. Me he vuelto más competitivo; me he medido en la derrota; muy pronto quiero medirme en la victoria.*

10. DIAGRAMA DE FLUJO

Hemos terminado el primer módulo del entrenamiento M.E.R.: **RECONFIGURACIÓN MENTAL.**

El proceso, desde una perspectiva digital, tiene 10 claves en 5 etapas:

1. Inicio
2. Mantenimiento
3. Análisis de archivos
4. Software único
5. Aceleradores y nueva versión

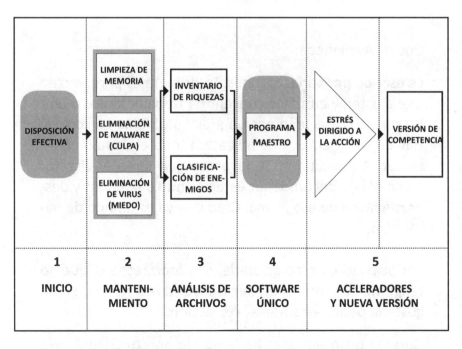

27

Son empresas de servicio

Me dediqué a hablar con mis colegas sobre la importancia de *enfocarnos*. Algunos se rieron de mí porque, antes, yo era el más desenfocado del equipo. Pero les dije que estaba cambiando. Necesitaba que me creyeran. Y que lo vieran.

Busqué al director del hospital, Avellaneda. Quería que supiera de mis nuevas ideas, y votara a mi favor en la siguiente asamblea. El tipo se negó a recibirme. Nunca nos habíamos caído bien; él creía que algún día yo le quitaría su puesto.

Fui a uno de los cubículos de medicina general y le escribí una carta.

Doctor Avellaneda:

Le escribo por varias razones. La primera es porque creo que a usted y a mí nos convendría trabajar juntos y unir fuerzas. Los dos tenemos un grave problema en común. Hay un trol, hacker, que nos ataca todo el tiempo en internet. Al hospital no le favorece que tanto el director como el hijo del fundador estén siendo difamados y desprestigiados de esa forma. Creo que ya es tiempo de hacer algo.

Por otro lado, deseo aclararle, con todo respeto, que no tengo ningún interés en llegar a ser director. Pero sí me gustaría poder asesorar a la dirección.

Durante ocho semanas he tenido la oportunidad de ver el hospital desde una óptica distinta. Sé que usted jamás ha dado consulta general itinerante ni ha atendido el departamento de higienizado. Pero la batalla diaria es otra desde la trinchera de un soldado raso.

He descubierto que, por desgracia, en nuestra empresa, para los hospitalizados, los trámites son engorrosos. A los familiares de pacientes se les trata con descortesía y a los pacientes mismos se les maneja como objetos. Nadie les llama por su nombre, son "el fracturado de fémur", "el diabético", "el asmático", "el espondilítico", "el EPOC", "el artrítico".

He notado que mis colegas hacen esperar por horas a sus citados (como solía hacerlo yo), que la mayoría de los médicos se exasperan al dar explicaciones y provocan que el ambiente institucional esté cargado de desdén. Hasta las enfermeras y asistentes son toscas en su trato. Lo más terrible es que todos se divierten hablando mal unos de otros ¡y de la empresa misma! Hay graves errores de atención al público y de espíritu de equipo.

Doctor Avellaneda, como nuestro director, usted sabe que los hospitales son empresas de servicio. Igual que las escuelas, bancos, aseguradoras, transportistas, despachos de asesores y tantas otras. Las empresas de servicio no transforman materia prima, ni venden productos tangibles: venden la "actuación" de gente. Si las personas que trabajan en una empresa de servicios no tienen calidad humana, la empresa misma no tiene calidad.

Yo fui partícipe y ejecutor de la mala calidad, y pagué un precio muy caro por mis errores. Mi única intención es resarcir el mal que hice ayudando a crecer la empresa con la que he renovado mi compromiso y tengo tan fuerte liga emocional. Si usted lo desea, puedo hacerle un pormenorizado más exacto con sugerencias.

Por último, le comento que he superado tanto la ansiedad postraumática como el estado crónico "de incuria" al que usted hizo referencia en la junta de Consejo. También estoy atendiendo mis problemas legales y espero muy pronto lograr los objetivos que me fueron señalados.

Estoy por terminar la primera parte del entrenamiento *Mente enfocada a resultados*; le comento que el curso ha sido de gran beneficio para mí, que tengo muchos deseos de terminar esta etapa e iniciar la segunda; me gustaría tomar grandes acciones en favor de nuestra empresa.

Sin más por el momento, me despido.

Dr. Benjamín José Benítez

28

Sigue tu manual

Alguien tocó la puerta del cubículo. Era Carlos Lisboa.

—Amigo —me dijo—, te he estado buscando.

Le estreché la mano y me disculpé.

—Ya sabes qué no tengo consultorio.

—Necesito hablar contigo.

—Dime.

—Ayer que jugamos squash te vi raro. Me diste una paliza. Mantuviste el control de la T, jamás perdiste de vista la pelota y devolviste mis semiglobos maestros con paralelas fulminantes. Jugaste como si fuera el fin del mundo.

—¿Tan traumado te dejé? —reí—, nunca vas a volverme a ganar un partido de squash —aseguré—. Ahora soy mucho más competitivo, con disposición efectiva, inventario de riquezas, sin malware ni virus, y próximo emprender un monopolio de supervacas.

—Sí. Me dejaste traumado. Justo por eso necesito hablar contigo. Te he visto feliz por un lado, diciendo términos nuevos, y por otro lado, más abrumado que nunca. Así que fui al Centro de Entrenamiento Timing y solicité un resumen del programa que estás llevando. Necesitaba entenderte. Hablar tu mismo idioma —puso sobre la mesa el libro del alumno—. Ya leí los primeros módulos.

—¿Qué te parecieron?

—¡Interesantes! Supongo que vivir los ejercicios es más fuerte que leerlos. Te están funcionando. Has cambiado tu forma de jugar squash, y en el hospital estás jugando diferente también. Te la has pasado tratando de convencer a todo el mundo de que debemos ser más cálidos con los pacientes y trabajar más en equipo. Por cierto, hay gente incómoda con eso. Pero, aunque en el deporte y en el trabajo vas bien, ¡en tu vida personal, no sé qué estás haciendo! Necesitas arreglar las cosas con tu suegra. No es solo un tema legal. Es algo personal. Debes acercarte a ella.

—La semana pasada me metí a su casa.

—¿Cómo?

—Entré a escondidas. A las once de la noche. La nana me ayudó. Fui a ver a mi estrellita.

—Estás loco.

—La señora no se dio cuenta. Tiene a mi hija en el cuarto de servicio. Durmiendo en un colchón en el suelo. La nana y mi niña sufren las peores incomodidades.

—¿De verdad? —resopló enfadado, como cuando un amigo se levanta para defenderte a golpes al enterarse que alguien te está molestando—. ¿Sacaste fotos?

—No se me ocurrió.

—Benjo. ¡Es lo que te digo! Tienes que actuar. Mira lo que dice tu libro —pasó las hojas buscando algunas páginas dobladas en las esquinas; leyó—: *La lucha contra tus enemigos te resta energía y agrede tu prestigio; es algo que no puedes permitir. Si eres fuerte, te dejarán en paz. Tal vez no lo seas, pero debes aparentarlo. Encara al agresor, clasifícalo, defiéndete.*

—¿Qué me sugieres?

—¡Habla con ella! Sin abogados. En un ambiente neutro, en el que la señora no pueda ser grosera. Invítala a un restaurante. Siéntense frente a frente, a solas, mírense a la cara y dile lo que piensas. Sigue tu manual —hojeó de nuevo el libro y buscó otra página marcada—: *Encara al enemigo, escucha sus razones y trata de negociar. Lo primero siempre es hablar. Con frecuencia podrás llegar a acuerdos razonables. Si después de acercarte al agresor no logras nada, sabrás que es un enemigo real. Abusivo o envidioso. Entonces defiéndete.*

Sonó mi celular. Era Azul.

—Gracias, Lisboa —su propuesta era sensata—. Lo haré... Discúlpame. Tengo que contestar.

Mi amigo se levantó. Llevó ambas manos a sus hombros de forma cruzada golpeándose los antebrazos como simulando un abrazo. Y se fue.

29

Hay un congreso en Nueva York

—Buenas tardes, Benjamín.

—Hola, Azul. Te escucho rara. ¿Estás bien?

—Sí. Perfectamente. La semana que entra comenzamos la segunda parte del programa. Vamos a hacer algunos ajustes.

Su tono de voz era distinto.

—¿Qué pasa, Azul? Me asustas. ¿Hay algún problema?

—Ninguno. Solo necesito avisarte que el licenciado Salgado, mi segundo al mando, un colega magnífico, va a trabajar contigo a partir de ahora.

—¿De qué hablas, amiga? —me puse de pie—. No puedes hacerme eso.

—Mira, Benjamín. Esto es un procedimiento normal. Te explico. El primer módulo del programa se basa en *terapia breve centrada en soluciones*. Yo soy psicóloga y me he especializado en ello; la terapia breve es, digamos, mi monopolio de supervacas, soy la mejor. Pero los otros módulos son diferentes. Usan otra técnica. Se llama *Capacitación aplicada a la práctica*. Ahí, el líder es Salgado. Simple. Por eso haremos el cambio.

Su explicación exuberante fue a la vez rígida e impostada, como si hubiese sido dicha por la fuerza.

—¿Quién te está presionando a dejarme? —mi pregunta llevaba un dejo de súplica.

—Nadie, Benjamín.

Volví a tomar asiento muy despacio. No entendía por qué la decisión de Azul me afectaba tanto. Pensé otra posibilidad:

¿estaría huyendo de mí? Era cierto que la invité a mi casa una noche, pero no fuimos. No pasó nada de lo que pudiéramos avergonzarnos.

—Si hice algo malo, perdóname —imploré casi sin aliento—, yo te necesito. Eres mi terapeuta. No podría confiar en nadie más.

Se escuchó un ambiente bullicioso a lo lejos como si estuviese hablándome desde un centro comercial o de convenciones.

—Benjo —titubeó; era ella de nuevo—. Lo que te dije es verdad. Yo casi nunca doy la segunda parte del programa.

—Pero a veces sí lo haces.

—No esta vez. Entre nosotros puede haber cierto conflicto de intereses —ahora estábamos hablando claro; me lo confirmó—. ¿Recuerdas una de nuestras frases favoritas de la universidad? El toque más poderoso no es al cuerpo...

—Sino al alma.

—Exacto.

—¡Por eso mismo, Azul! Cuando trabajamos, tú tocas mi alma.

—Sí, Benjo. De acuerdo. Solo que el terapeuta no debe involucrarse emocionalmente. Esa es la regla. Y tú también tocas mi alma.

—¿Qué tiene eso de malo?

—Amigo, por favor —esta vez la que suplicaba era ella—. Ayúdame.

Lo entendí. Era casada. Trabajar conmigo le revivía emociones peligrosas. De pronto me di cuenta que había perdido gran parte del interés en el entrenamiento.

—Si no estás tú —susurré—, me da lo mismo tomar o no el programa.

—Tómalo. Termínalo. La segunda parte es muy diferente a la primera. En ella no se hacen catarsis ni confesiones. Todo va dirigido a la creación de nuevos hábitos. —Tosió—. Además —carraspeó—, yo me estoy yendo de viaje. Hay un congreso en Nueva York. De mi especialidad; terapia breve.

Identifiqué el ruido del ambiente. Se encontraba en el aeropuerto.

—¿Cuándo regresas?

—Dentro de diez días.

—Azul —suspiré—, de acuerdo. Trabajaré con el licenciado ¿Salgado, dijiste? No hay problema. Pero necesito tu consejo. Quiero hacer un cambio radical en mi vida. Estoy pensando diferente. Voy a transformar la empresa de servicio en que trabajo. Voy a derribar a mi suegra. Voy a recuperar a mi niña. Tengo que tomar muchas decisiones... Si no quieres trabajar conmigo en el programa, por lo menos reunámonos para platicar. Cuando regreses. Por favor. Necesito tu ayuda.

Su respuesta fue suave, tímida, como de colegiala universitaria.

—Sí Benjo. Cuenta con ello.

Terminé la llamada.

Dejé reposar la mente y las ideas unos minutos.

Debía enfocarme en resultados.

No podía permanecer deprimido ni asustado.

Necesitaba hablar con mi suegra, tal como lo sugirió Lisboa. Sin abogados; sin intermediarios; en un ambiente neutro. Invitarla a un restaurante, sentarme frente a ella y charlar.

Busqué su número en mi carpeta de contactos. Inhalé varias veces como cuando solía prepararme para sumergirme en el agua. Cerré los ojos. Ordené mis ideas. Y marqué.

30

Mi monopolio de supervacas

Tomé la segunda parte del programa con Salgado.

El tipo fue mucho más pragmático que Azul. También los temas fueron de otra índole. Mi amiga tenía razón. Ya no hubo momentos de evocaciones íntimas. Todo en el segundo módulo estaba dirigido al movimiento. Y logró sus efectos en mí.

Aprendí a activarme; alcancé niveles de *ritmo productivo* que no conocía ni había practicado jamás. De hecho, el propósito rector de la segunda parte del programa era elevar en el participante lo que llamaban *potencia cinética*, es decir, inercia de movimientos; me enseñaron a hacer más en menos tiempo, sin perder nunca la energía y aplicando *rutinas de activación* constante.

Desde las primeras semanas de trabajo comencé a hacer cambios sustanciales. Aprendí a energizarme mediante una combinación de acciones diarias; aprendí nuevos hábitos de rendimiento que me hicieron trabajar de forma diferente.

Casi como si se tratara de esos remedios milagrosos (en los que un médico no cree), comencé a producir mejores frutos medibles. Las horas del día se expandieron, y por primera vez tuve tiempo. Realicé con calidad mis modestos quehaceres de medicina general e higienizado, ¡pero también emprendí un proyecto que me apasionaba! ¡Nada más ni nada menos, fui capaz de emprender mi *Monopolio de supervacas*!:

Di de alta una asociación civil.

La llamé *Medical Hugs, la ciencia del abrazo médico*.

Para crear esa asociación, usé mis talentos, mi experiencia y mi visión única del área profesional que dominaba (la medicina, la música, la sensibilidad por el calor humano, el trato a los pacientes). Me inspiré en mi dolor y mis problemas (el recuerdo de mi estrellita Mari Jose)... usé mi inventario de riquezas actuales. Con esa amalgama de unicidad, hice Medical Hugs, una entidad con la misión de dar apoyo a pacientes y familiares con el concepto *abrazos médicos*.

Para crear sinergia, convoqué a fundaciones de asistencia social. Apenas abrí la invitación, comenzaron a llegar voluntarios deseosos de ayudar. Me asombró la enorme cantidad de personas con alma generosa, dispuestas a brindar amor al prójimo por el puro placer de hacerlo.

Entendí que, de los tres designios, no solo el dinero y el prestigio mueven al mundo, sino, sobre todo, la fortaleza *que nos brinda el servicio desinteresado*. Quizá porque todos los seres humanos hemos sufrido dolor de enfermedades o accidentes, tenemos en nuestro fuero interno el anhelo de consolar a quienes padecen, de la misma forma en que nos hubiera gustado recibir consuelo...

Medical Hugs creció como la espuma. Revolucionó al hospital en pocos días. Organizamos conferencias y conciertos (en el mismo auditorio en el que fui juzgado), con el fin de dar apoyo emocional a los dolientes. Gracias a la ayuda económica de fundaciones, mandamos a hacer posters temáticos con frases inspiradoras. Los pegamos en todos los pasillos:

o La terapia de abrazos ayuda a sanar.

o El médico que brinda una explicación amable y completa a su paciente le da un abrazo a su alma.

o Un abrazo efectivo dura al menos 15 segundos.

o Los abrazos elevan la oxitocina y la serotonina; brindan tranquilidad.

o El verdadero médico también sabe consolar el alma.

o Salud no es "ausencia de enfermedades", es "alegría de vivir".

o Los abrazos fortalecen el sistema inmunológico.

o El contacto físico estimula las conexiones neuronales.

o Necesitamos cuatro abrazos al día para sobrevivir, ocho para crecer, doce para sentir plenitud.

o Los abrazos pueden quitar el dolor, aumentan la circulación y liberan la tensión.

o El amor es una droga milagrosa. Fortalece, engrandece, le da sentido a la vida.

o Los niños que son abrazados por sus padres, desarrollan mayor inteligencia.

Todos los posters tenían imágenes emotivas de personas abrazándose; estaban firmados con el lema de la asociación: *Medical Hugs, la ciencia del abrazo médico*.

También mandamos a hacer *pins* metálicos para prender a la ropa. Los repartimos a doctores y enfermeras que estuviesen de acuerdo en el concepto. Solo les hacíamos firmar el edicto y les dábamos una tarjeta, como recordatorio.

Yo doy a mis pacientes terapias médicas de excelencia, pero también les brindo trato amable, explicaciones amplias, apoyo moral, esperanza y afecto sincero. Les hablo por su nombre y los acompaño durante sus tratamientos como lo haría un buen amigo.

Aunque algunos médicos se sintieron afrentados con mi campaña, casi todos la acogieron con agrado. En un mes repartimos más de doscientos *pins*, pegamos más de cincuenta posters, invitamos conferencistas que dieron charlas sobre la importancia de mantener buena actitud y esperanza, y hasta me atreví a llevar mi guitarra para cantarle a los pacientes algunas de mis canciones, con el único fin de alegrarles el día.

En cuanto al trabajo, comencé a vivir una nueva etapa de fortaleza, y recuperaba poco a poco mi prestigio. Pero mi vida privada seguía siendo una desgracia.

La casa que construí para mi esposa e hija era tan grande que me causaba agorafobia. Procuraba llegar lo más tarde posible para no tener tiempo de verme durmiendo solo.

El simple hecho de respirar oxígeno de esas habitaciones despobladas me provocaba vahídos de repulsión, como si el aire estuviese envenenado.

A veces trataba de dormir en el cuarto de mi estrellita, abrazando su almohada favorita, pero después de luchar contra un insomnio punzante y rabioso, terminaba en el fondo de mi alberca aguantando la respiración, casi hasta el desmayo.

Hacía años que solo resistía bajo el agua de dos a tres minutos. Para evadirme de pensamientos aciagos, me propuse competir conmigo mismo y me planteé como meta alcanzar cinco minutos. Un tiempo imposible para cualquier persona común, pero factible para un buzo entrenado. Así, cada vez que llegaba del hospital me ponía a practicar. Mi progreso, sin embargo, fue lento y precario.

La paradoja del éxito desequilibrado me aquejaba de forma evidente: como profesionista estaba avanzando, recuperando poco a poco la posición ganadora, pero como persona, en lo privado, cada vez me desplomaba más...

Llegué a mi límite.

Una noche, recibí un mensaje extraño de la nana de mi hija. Fue la gota que derramó el vaso en mi interior.

»Por favor hable con doña Julia.

De inmediato le contesté.

»Ada. Gusto en saludarla. ¿Por qué me dice que hable con doña Julia? ¿Está todo bien? Voy para allá de inmediato. ¿Me abre la puerta, por favor?

Mi mensaje se marcó de enviado, pero no de recibido. Esperé un minuto. Tal vez Ada había perdido la conexión a internet. Nada. Parecía como si hubiese mandado el mensaje "por favor, hable con doña Julia", y después se hubiese desconectado a propósito, para no tener que mantener una conversación conmigo. Eso era muy extraño.

Ebrio de temor, desquiciado de dolor secreto, me subí a mi auto y manejé a la casa de mi suegra.

31

Eres un vulgar

Conduje decidido, aferrando mis manos al volante como las garras de un águila se aferran a la presa que no quieren soltar.

¿Qué le diría a doña Julia? ¿Cómo la convencería de retirarme esos ridículos cargos de homicidio doloso? ¿Con qué elementos negociaría para que me devolviera a mi hija?

La primera rutina del segundo módulo me enseñó a prepararme antes de cualquier negociación.

> Nunca comiences una disputa sin haber investigado quién es y qué necesita tu contraparte.

Disminuí la velocidad del auto tratando de razonar. Mes y medio atrás tuve una conversación telefónica con mi suegra. Fue muy frustrante. Recordé con detalle aquella llamada.

Apenas supo quién hablaba, respondió con laconismo repelente.

—¿Qué quieres, Benjamín?

—Necesito hablar contigo. A solas.

—Nosotros no tenemos nada que hablar. Si tienes algún problema comunícate con mis abogados.

—No, Julia —respondí decidido—, tú y yo necesitamos platicar. Sin intermediarios. Te invito a tomar un café. Quiero que te tranquilices. Que me escuches.

—¿Acaso crees que soy tonta? Jamás me arriesgaría a reunirme a solas con un asesino.

—De eso quiero hablarte. Estás en un error. Yo no maté a tu hija.

—¿Ah, no? —increpó—. ¿Y quién iba manejando cuando ella murió? ¿Quién le gritó y la amenazó con eso de que "vamos a morirnos de una vez"? ¡Ella te suplicó! Dijo "frena, ¿qué te pasa?" Fueron sus últimas palabras. Aprovechaste que se había quitado el cinturón, para voltear el auto. Eres un asesino.

Su fallo febril me intimidó. Apenas pude contestar.

—Yo no quería que mi esposa muriera.

—¡Sí querías! La amenazaste muchas veces.

—Estás en un error. Tú la conocías mejor que yo. Ella tenía un problema mental que nunca quiso atenderse. Era muy obvio. Sufría trastorno límite de la personalidad o TLP; altibajos emocionales, impulsividad, miedo al abandono, culpa, ansiedad. Vociferaba, aventaba cosas, golpeaba a nuestra hija. Incluso a mí.

—¿Para eso quieres hablar conmigo, Benjamín? ¿Para difamar la memoria de mi hija? Lograste deshacerte de ella. Pero no voy a permitir que ahora le hagas daño a mi preciosa nieta.

¿A su preciosa nieta, dijo? Mi estrés nocivo se volvió furor cáustico. La sangre me hirvió, como en el auto justo antes del accidente. Doña Julia era una abusiva. Lo había detectado. Ahora, según el método, tenía que mostrarme fuerte. Contraatacar. Gruñir más enérgicamente, dar una mordida.

—Déjate de estupideces —esta vez alcé la voz a grito pelado—, tú no amas a Mari Jose. En cuanto supiste que tenía síndrome de Down la rechazaste. Jamás la cargaste, ni jugaste con ella, ni le diste un biberón. Ahora me la quitaste, no sé cómo rayos. ¿Pero acaso crees que me voy a quedar con los brazos cruzados? ¡Estoy encima de ti! Y te estoy vigilando. Ten mucho cuidado de tratarla mal, de no darle de comer o hacerla dormir en sitios inadecuados, porque te vas a ir a la cárcel por maltrato infantil. Voy a acabar contigo. Aunque sea lo último que haga en mi vida.

—¿De veras? ¿Qué más, Benjamín? —contestó con aparente calma—, ¿qué más vas a hacerme?

—Ah —lo entendí de inmediato—, me estás grabando. Ya sé tu juego. Pues ¡entérate de que hacer eso es ilegal! Y se te va a revertir. Vamos a medir fuerzas...

—Perfecto, yernito, habla con mis abogados.

—Espera, Julia. No me cuelgues —escuché su respiración acezante sobre el teléfono; yo también estaba resoplando sin querer; entonces se lo dije—. ¿Cuánto quieres?

—Eres un vulgar.

—Dime una cantidad que sea razonable. No lo que le pediste a mi padre. Yo la consigo. Devuélveme a mi hija. Quédate con el dinero que siempre has querido. Y vivamos en santa paz.

—Pobrecito de ti —se burló—. Es increíble que un médico sea tan ordinario. No, Benjamín, no va por ahí. Habla con mis abogados.

Y colgó.

32

Martes de casino

Llegué a casa de doña Julia; temblando de aprensión. El recuerdo de la llamada telefónica fallida, lejos de ayudarme a planear, había bloqueado mis pensamientos.

—A ver. Cálmate —me dije—. Si vas a tocar a su puerta, no puedes mostrarte altanero o retador, porque te va a echar gas pimienta a la cara o llamará a la policía. Tienes que ser estratégico.

Busqué en mi teléfono el chat de Ada y le envié otro mensaje.

»Ada, Ya llegué. Vine a hablar con la señora Julia, como usted me sugirió. Estoy afuera de la casa. ¿Me abre por favor?

En el cuadro del chat, otra vez mi mensaje apareció enviado, pero no recibido; revisé en su usuario la información de "última vez en línea". No tenía datos. Pudo haberme bloqueado.

Bajé del auto. Fui hasta la puerta. Toqué el timbre. Alguien contestó por el interfono.

—¿Quién?

No reconocí la voz.

—¿Ada? —saludé—, ¿es usted?

La persona respondió:

—Ada ya no trabaja aquí —era una voz gruesa, como de mujer fumadora.

—Disculpe. ¿Puede hablarle a la señora Julia?

—Ella no está. Es martes de casino.

La información gratuita me hizo entender que mi interlocutora no era muy inteligente. Quise preguntarle por Mari Jose, pero me contuve. En vez de eso, inventé una mentira.

—Traigo un paquete para la señora Julia Soberón. Disculpe usted. Ada me recibía la paquetería. Es una caja importante.

—Espere.

Me troné los dedos. Volteé alrededor. Debía buscar algo parecido a una caja para tener la excusa de conversar con la persona en cuanto abriera. No me dio tiempo. Apareció una señora con obesidad mórbida, sesentona, de rostro redondo y mirada adusta.

—Buenas tardes —gesticuló—, ¿qué paquete me va a dejar?

—Ahorita se lo traigo. Es que... mi compañero fue a la camioneta por él. Está a la vuelta de la calle.

Alzó las cejas con repentina suspicacia; dio un paso atrás. Se percató de que no debió haber abierto.

—Usted viene a robar.

Metí el pie por la puerta y la empujé. Ella gritó y se agachó cubriéndose la cabeza como esperando un golpe.

—No vine a robar, cálmese. Soy el papá de Mari Jose. Necesito hablar con mi suegra.

Se irguió un poco, pero siguió cubriéndose con las dos manos como el portero que previene un balonazo.

—La señora Julia no está. Ya se lo dije. Es martes de casino.

—De acuerdo. Ya entendí. Permítame pasar unos minutos.

—Usted no puede estar aquí.

Caminé hacia dentro.

—Necesito ver a mi hija. Será muy rápido.

La mujer sacó su celular y oprimió un número de marcado

rápido. La escuché hablar a mis espaldas.

—¡Señora Julia! ¡Auxilio! Está aquí el papá de la niña. Se metió a la fuerza.

Di la vuelta, le arrebaté el celular de un zarpazo y lo apagué. La mujer volvió a gritar encogiéndose.

—Señora, cálmese, carajo. No le voy a hacer daño. Se lo prometo. Solo necesito ver que mi hija esté bien.

Pero era una promesa postiza, porque dentro de mí se había despertado el anhelo irracional de sacar a mi princesa de ese sitio.

—Está dormida.

—Qué raro. Ella no duerme a esta hora.

Caminé con decisión. Entré a la casona oscura, y fui directo al patio.

Subí la escalera de caracol desvencijada hacia el cuarto de servicio. No había nadie adentro. El colchón viejo seguía en el suelo, pero ya no estaba la televisión.

Grité.

—¡Majito! Estrellita. Soy tu papá.

Bajé corriendo. La mujerona me miraba como agarrotada.

—¿Dónde está mi niña?

No contestó.

La televisión del cuarto de servicio había sido puesta en una sala vieja. Era obvio que la nueva nana se entretenía viendo telenovelas a todo volumen.

Aunque la casa tenía casi todas las paredes forradas de madera, las hojas estaban hinchadas, descoloridas y en algunas partes ruginosas por la humedad. Entré a la zona de recámaras. Ahí sí había focos. Los encendí. Vi tres puertas. La primera daba a una habitación grande, de aspecto antiguo, con cama *king size* y múltiples adornos baratos saturando las repisas. No había duda, era el escondite de la señora Julia. Abrí la siguiente puerta. El cuartucho se hallaba en ruinas. Forrado de plásticos provisionales con cinta adhesiva para evitar que las goteras siguieran pudriendo la madera. Abrí la tercera habitación. Tenía muchos estantes, maletas y cobijas.

La corpulenta nana me había seguido. Estaba a mis espaldas.

—¿Y mi niña? No la veo.

Sin hablar echó un vistazo rápido al cuarto-bodega.

Regresé. Mari Jose se hallaba en el suelo, profundamente dormida. Me puse en cuclillas y la levanté. Su ropa olía a orines, pero no estaba mojada. Como si se hubiese ensuciado muchas horas atrás.

—Estrellita, despierta —la sacudí—, ¿estás bien? —no reaccionó—, ¡despierta!

Tenía el pulso muy débil. Revisé sus pupilas. Estaban dilatadas.

Me erguí y tomé a la señora del brazo con tanta fuerza que la hice gritar.

—¿Qué le dieron?

—No sé —contestó gimiendo—, cuando yo llegué, ya estaba dormida; casi siempre está dormida; a mí, la señora Julia me contrata solo por horas. Mientras ella va al casino o a hacer compras.

Volteé furibundo alrededor. Entré al baño y tiré de un manotazo los enseres del lavabo; revisé los envases. Nada. Al fin vi algo que me llamó la atención: Un frasco de Rivotril.

—Es esto... —volví a tomar del brazo a la señora y le enseñé el recipiente casi vacío—. ¿Cuántas gotas le dan a la niña?

—El otro día vi que la Señora Julia le dio cuatro o cinco goteros en la boca.

—¡Cuatro o cinco goteros! ¿Completos? ¿Sin diluir?

—Suélteme. Me está lastimando.

—¡Este medicamento es peligroso! ¡Tiene clonazepam; puede matar a un niño si se lo dan directamente y en dosis altas! Quítese de mi camino. Voy a llevarme a Mari Jose.

La señora me enfrentó.

—Llame a una ambulancia. No puede sacar a la niña de la casa.

La empujé. Cayó con sus ciento y tantos kilos de peso sobre el filo de la rinconera. Fue un golpe seco. Se descalabró. La sangre comenzó a brotarle de la cabeza. ¡Solo eso me faltaba! Estaba inconsciente. La revisé con rapidez. Con toda seguridad era solo un descalabro. Respiré con ansiedad. Quise convencerme.

—Va a estar bien. No debe haber fractura.

Tomé el celular e hice lo que ella quería. Llamé a una ambulancia.

—¿Emergencias? Por favor necesito una unidad —di el domicilio—, hay una señora con traumatismo craneal; inconsciente. Está sola, en el suelo del pasillo junto a las recámaras, al fondo de la casa. Les dejo la puerta abierta.

La operadora quiso preguntar más datos. Colgué.

Levanté a mi hija en brazos y salí corriendo. La puse en el asiento trasero de mi auto y manejé a toda velocidad hacia el hospital.

33

Doce puntos en la escala de Glasgow

—Soy el doctor Benjamín Benítez —llamé por teléfono—, traigo a una niña de nueve años con hipotensión y depresión respiratoria. Sospecho que sufrió una sobredosis con benzodiacepinas. Preparen carbón activado y flumazelino. Estamos llegando al hospital en ocho minutos.

Aceleré peligrosamente en la avenida. Iba temblando, pero atento de no causar otro accidente.

Usé los comandos de voz para hacer una nueva llamada. La persona tardó más en contestar. Al fin lo hizo, con voz afable y extrovertida.

—Benjamín José Benítez —se dio el bombo saludando—, ¿a qué se debe ese milagro?

—Papá —articulé y sentí que la saliva me obstruía la tráquea—, papá —repetí—. Necesito tu ayuda. Me metí en otro problema —mi voz estaba colmada de una peligrosa ansiedad.

—Dime. ¿Qué pasó?

—Fui a la casa de la señora Julia. Quise platicar con ella para tratar de llegar a un arreglo. Pero no estaba. Solo había una mujer grosera, se supone que cuidando a Mari Jose. Me metí por la fuerza. Encontré a mi niña, dormida, flaca, anémica, drogada con benzodiacepina. Quise sacarla de ahí y la cuidadora me impidió el paso. La empujé y se cayó sobre un mueble de granito. Tal vez se fracturó el cráneo. Por fortuna el golpe no fue en el occipucio sino en el parietal derecho. Está viva. La dejé ahí. Llamé a la cruz roja. Saqué a mi hija de la casa. La traigo en el carro. Voy llegando al hospital.

El sumario había sido tan exaltado que dejó a mi padre sin habla. Al fin reaccionó.

—De acuerdo. En este momento envío una unidad de terapia intensiva a la casa de tu suegra y llamo a los abogados. Tú encárgate de mi nieta. Voy para allá. Nos vemos en urgencias.

Llegué al hospital. Apenas entré a la bahía de recepción, me interceptaron dos camilleros y tres médicos que estaban esperando. Subieron a Majito a la camilla y corrieron con ella al interior. Fui tras ellos. Vi cómo en el pasillo iban tomando sus signos vitales y colocándole una mascarilla de oxígeno.

Me sentí halagado por la amabilidad y rapidez con la que atendieron a mi estrellita; aunque sé que hubieran hecho lo mismo con cualquier paciente. Durante las últimas semanas, había cambiado un poco la conciencia de servicio, sobre todo en quienes llevaban el *pin* de *Medical Hugs, la ciencia del abrazo médico*. Pero también quise pensar que los colegas estaban poniendo especial interés en atender a mi hija, y que de alguna forma en el inconsciente colectivo del hospital se estaba recuperando un poco la posición de mi nombre.

Mari Jose no entró en coma. Fue estabilizada con el antagonista benzodiacepínico. Despertó y sonrió al verme. Aunque tenía pocas fuerzas, levantó sus dos manos para saludarme. La abracé y lloré al estrechar su cuerpecito enflaquecido. Como era su costumbre, se negó a soltarme. Me llenó de besos y comenzó a acariciarme la cabeza.

—Benjamín —escuché la voz de mi padre atrás de mí.

—Espera un momento, estrellita —tuve que empujarla con suavidad para separarme de ella—. Saluda a tu abuelo.

—¡Abuelito! —levantó los brazos hacia él—, ¡te estañé!

Mi padre la abrazó y se dejó acariciar también. Intercambió con la niña una lluvia de besos. Luego logró desasirse para decirme.

—Necesitamos hablar.

A dos metros de distancia estaba el doctor Avellaneda acompañado de Ernesto Cano, abogado del hospital. .Nos acercamos a ellos.

—La señora con el golpe en la cabeza aparentemente no tiene fractura —explicó Avellaneda sin más preámbulo—. Ya fue estabilizada. Tiene doce puntos en la escala de Glasgow; eso indica un traumatismo craneal moderado con buen pronóstico. Están por hacerle la tomografía. Esperamos que no forme un hematoma epidural.

Caminamos hacia fuera de la zona de emergencias.

—Gracias, doctor.

El abogado Cano tomó la palabra para explicarme:

—Doctor Benítez, usted infligió una orden judicial de restricción domiciliaria. Irrumpió en propiedad privada, atacó con alevosía y premeditación a la persona encargada de cuidar a su hija; y extrajo a la niña por la fuerza.

—¿Qué dice? —volteé a ver a mi padre como esperando su defensa—, ¿de qué está hablando este señor? ¡Lo que hice fue salvarle la vida a mi hija! Por casualidad llegué a tiempo.

—Claro —intervino Avellaneda—, eso todos lo sabemos. Lo que el abogado trata de explicarle son los cargos que le van a imputar hoy. Mientras no se demuestre lo contrario.

—Exacto —dijo mi padre—, tu situación legal se ha complicado. Si no quieres pasar unos días en la cárcel, tienes que esconderte.

—Nuestro equipo de defensa legal —aportó el licenciado Cano—, ya está preparando las declaraciones y apelaciones. Déjenos hacernos cargo del asunto en este instante.

Abrimos la puerta para salir al pasillo principal.

34

Está listo el helicoptero

Un grupo de guardias nos estaba esperando. Eran cinco. El jefe de seguridad, al mando, me saludó.

—Doctor Benítez, tenemos órdenes de escoltarlo al helipuerto del hospital. Si gusta acompañarnos.

—Espere... ¿A dónde?

Le di la espalda a los guardias para inquirir a mi padre:

—¿Esto es necesario?

—Sí Benjamín, es necesario. Está listo el helicóptero. Te voy a sacar de aquí.

—¿Por qué?

—Tú no permitiste que lastimaran a tu hija, yo no voy a permitir que te lastimen a ti.

Moví la cabeza y sonreí con cinismo.

—¿De cuándo acá me saliste tan protector?

Mi padre estaba serio; se le acusaba una vena en el cuello.

—La última vez que comimos, en la terraza, me reclamaste. Dijiste que no había hecho las llamadas necesarias para evitar ese "circo romano" en el que te retiraron la licencia. Pero te equivocaste, siempre he estado atrás de ti, acompañándote sin que lo sepas. Yo conseguí que te dieran la oportunidad de que tomaras un entrenamiento que atenuara tu falta. Y funcionó. Cambiaste. Mejoraste. He seguido de cerca los avances de la asociación que formaste. Tiene tu toque personal único. Me encanta el concepto de *Medical Hugs, la ciencia del abrazo médico*; al mismo tiempo favoreces, como siempre quisiste, a la gente vulnerable, y ayudas a elevar el prestigio de la empresa.

Nunca había escuchado a mi padre hablar así. Supe que antes de que mamá muriera, él era más abierto, más alegre, pero después de la desgracia se encerró en sí mismo. A pesar de ser un hombre apuesto y rico, no volvió a casarse. Quiso educar a sus cuatro hijos varones sin ayuda. Y lo hizo bien. Pero el benjamín se quedó rezagado en autoestima; siempre escondiéndose en la creencia de haber matado a su propia madre. Tal vez mi papá se recriminó en secreto nunca haber podido sacarme esa roca del zapato.

El licenciado Ernesto Cano volvió a terciar en la conversación.

—Tenemos que movernos. Acaban de llegar varios policías judiciales. Están afuera. No les permitimos la entrada porque vienen sin orden escrita. Pero es cuestión de minutos.

Comenzamos a caminar por el pasillo del hospital. La gente se hacía a un lado sin disimular su asombro. El contingente era llamativo. A la punta iba el jefe de seguridad, seguido del CEO fundador, el director general y el abogado. Atrás, iba yo, rodeado de cuatro guardias armados.

Llegamos al elevador de la zona de urgencias.

—Esperen —dije sin mucha fuerza.

Aunque entendía la estrategia de esconderme mientras se aclaraban los hechos, no me sentía cómodo con ella. Necesitaba enfrentar las cosas.

La puerta del elevador se abrió.

—¿Vamos?

—No, esperen —insistí—. Les agradezco mucho que estén aquí. De verdad lo valoro, pero yo no puedo seguir huyendo. Es lo que traté de hacer cuando cometí el error en el quirófano. Quise irme de viaje, ocultar los hechos, y fue peor. ¡Yo debí dar la cara! Explicar lo sucedido. Aceptar que estaba pasando por una crisis emocional. Aceptar que tuve una distracción imperdonable. Pero en vez de eso opté por culpar a mi equipo de cirujanos. No fui íntegro.

La puerta del elevador volvió a cerrarse. Nadie dijo nada. Yo estaba tratando de razonar. Después del curso comprendí que todo se le puede perdonar a alguien menos la deshonestidad. Una persona productiva, enfocada a resultados, no evade los problemas, los enfrenta, y los resuelve.

—¿Qué quieres hacer? —preguntó mi padre.

—Voy a exponer lo que sucedió. Tal cual. Mi esposa y yo nos llevábamos mal. Sí, nos gritábamos a veces. Pero yo no la maté. Ni siquiera fue algo que pasara por mi mente. En el fondo soy un hombre de familia y amo profundamente a mi hija.

—¿Qué opina, licenciado Cano? —Avellaneda.

—No hay problema —contestó el experto legal—. Lo mismo que voy a hacer para defender al doctor si está encubierto, lo haré si está detenido. Lo mismo —se encogió de hombros—. Incluso el hecho de que se entregue voluntariamente, me facilitará el trabajo. La única diferencia es que él pasará tres o cuatro malos días en la cárcel.

—Puedo con eso y más —aseguré—. De hecho actualmente vivo en una cárcel, pensando en cómo recuperar mi licencia médica, en cómo recuperar mi buen nombre, y sobre todo en cómo recuperar a mi estrellita.

El grupo permaneció en silencio. Pero era un silencio diferente. De respeto. Ya no había prisa por escapar. Avellaneda marcó el teléfono para indicar al piloto del helicóptero que se cancelaría el viaje.

Escoltado, pero en una formación más abierta y relajada, salimos al estacionamiento del hospital, donde me esperaba la policía.

El abogado se dirigió al jefe del grupo judicial.

—Comandante, buenas noches; el doctor Benítez viene a entregarse. No opondrá resistencia. Pero queremos pedirles un favor. Apaguen sus torretas y hagan la detención discretamente. No lo esposen aquí. Esta es una empresa de servicios que vive de su reputación. También el doctor. Y es inocente. Evítense la pena de tener que pedirle una disculpa dentro de unos días.

El comandante accedió.

Caminé hacia la patrulla junto a mi padre. Le dije:

—Papá, busca a Ada. La nana de Majito. Ella crio a mi hija desde que nació. ¡Y de pronto ya no está por ningún lado! No me contesta el teléfono. Ada vivió tres meses con doña Julia. Su testimonio es importantísimo. Seguro tiene fotos, videos, no sé. Elementos para demostrar que la niña era maltratada... Y, por favor, ¡defiende a la niña! Por ningún motivo vayas a permitir que regrese con la señora Julia. Por favor. Haz lo que sea por protegerla. Si es necesario, a ella sí, llévatela en el helicóptero.

—Entendido, hijo. No te preocupes.

Entonces me metí al auto de los policías.

Abandonamos las instalaciones del hospital en silencio. Casi con cautela. Pero apenas salimos a la calle, encendieron las torretas y sirenas. El oficial que iba a mi lado, me dijo:

—Doctor. Permítame sus muñecas. Tengo que ponerle las esposas.

35

Setenta y dos horas encerrado

Dejo la pluma sobre el cuaderno, cierro los ojos y me llevo ambas manos a la cara. La barba me ha crecido unos tres milímetros. Debo parecer un vagabundo. ¡Cómo necesito un baño!

Hago cuentas. Me detuvieron el martes (de casino) en la noche. Hoy es viernes. Ya está oscureciendo. He pasado encerrado casi setenta y dos horas. Esto es malo, porque los sábados y domingos nadie trabaja en los juzgados. El abogado me advirtió que pasaría tres o cuatro malos días en la cárcel, sin embargo, estoy a punto de entrar a la dimensión desconocida del fin de semana y el plazo podrá alargarse a cinco o más días.

Me pregunto cómo estarán las cosas allá afuera. En este tiempo solo he recibido dos visitas: Azul y Lisboa. Mi amiga me trajo la libreta de apuntes y el libro con el resumen del curso. Lisboa me trajo dulces artesanales. Él sabe que me gustan. Y le permitieron dármelos. Pero no me los he comido.

Aunque mi padre no ha venido a visitarme, sé que está detrás del trato preferencial que he recibido, y de las comidas que me llegan.

De pronto, el cuartito en que me encuentro me parece demasiado estrecho. Sufro un ataque de ansiedad. Como el recién convertido que quiere encontrar explicaciones para todo en su nuevo libro hierático, abro el resumen del curso *Enfoque a resultados* y busco algo que me pueda tranquilizar. Repaso el primer módulo; *borrado de memoria, eliminación de culpas y miedos, inventario de riquezas, clasificación de enemigos, instalación del programa maestro*. Nada de eso me sirve aquí. Voy a la segunda parte. Leo algunos párrafos que subrayé.

36

Apuntes del segundo módulo Implementación Productiva

Estás a punto de conocer uno de los conceptos más importantes del programa. Se llama **POTENCIA CINÉTICA**.

Imagina que estás en el fondo del océano, haciendo una inmersión de apnea. Has roto un record de buceo libre en las profundidades. Ahora tienes que emerger. Pero te queda poco tiempo. Se te acabó el aire. Deberás activar el *mecanismo salvador de los buzos de apnea profunda*: Un poderoso globo. Si no lo activas, mueres. Si lo haces, sales disparado a la superficie. El GLOBO para emerger se llama **POTENCIA CINÉTICA**.

POTENCIA CINÉTICA es la fuerza imparable que se logra cuando impulsas tu peso o tus recursos en un movimiento continuo hacia delante.

Como en tu niñez cuando te subías a un columpio, te empujabas con los pies y te mecías con el cuerpo. ¡Llegaba un momento en el que casi volabas y le dabas la vuelta al travesaño! **Como un tren que pesa miles de toneladas,** corriendo sobre la vía a toda velocidad. Su **POTENCIA CINÉTICA** es tan arrolladora, que si se le atraviesa un autobús, o un muro, o una casa, romperá el obstáculo y seguirá de frente. **El poder del tren no está en su máquina, sino en el movimiento** que impulsa su peso de manera continua. Ese mismo tren en la mañana, inmóvil, se quedará detenido incapaz de avanzar si alguien pone unas calzas de madera en las ruedas.

Si logras POTENCIA CINÉTICA te volverás imparable: hablarás con seguridad, negociarás con inteligencia, expondrás bien tus ideas, realizarás actividades técnicas o artísticas con excelencia. La gente alrededor se asombrará, se hará a un lado, o se contagiará.

Lograr POTENCIA CINÉTICA no es fácil. Porque duele...

...Acepta el dolor que sirve. El dolor es señal, primero, de lesión, y después de reconstrucción. Por ejemplo, el atleta que hace pesas a un nivel doloroso, rompe sus fibras musculares; se inflige daño voluntario; así, convoca a su organismo a regenerar las fibras rotas. ¡Y las células regeneradas, serán más fuertes!

Lo mismo pasa en las tus relaciones. Si tu matrimonio, tu paternidad o tu empleo *duelen*, pero aguantas, y trabajas con la gente, y das lo mejor de ti, el dolor pasará y todo se reconstruirá con más **FORTALEZA**...

...Dedícate a solucionar problemas. Uno tras otro; cada vez que la gente que te paga tenga una situación difícil, aprovéchala para posicionarte y crecer. Resuelve los problemas de quienes te pagan y, después, explícales cómo los resolviste.

La verdadera productividad se mide así: ¿Cuántos problemas eres capaz de resolver cada día? Hay muchas personas que evaden los problemas, e incluso renuncian, se divorcian o emigran cuando hay problemas. Pero solo crecemos mediante los problemas, y el crecimiento es lo único que nos produce **FORTALEZA**.

Las empresas nos contratan para resolver problemas. Si no hubiera problemas no tendríamos trabajo. Incluso si no hubiera problemas, la vida no tendría sentido, porque no habría metas que alcanzar, ni sueños que conquistar.

Si los problemas duelen, sigue adelante, enfócate y resuélvelos. El dinero te lo dan los clientes y tu organización. Resuelve problemas a tus clientes y a tu organización...

...Arranca de tu espalda las malas etiquetas que te han puesto. Pero hazlo de forma violenta, decidida. Si la gente te ha colgado letreros negativos, no los podrás cambiar con suavidad. La opinión pública ya te ha clasificado. Para que el mundo voltee a verte y reconsidere la posibilidad de clasificarte de nuevo, tienes que entrar a escena con bombo y platillos.

¡Irrumpe! ¡Aparece de forma espectacular! ¿CÓMO? Siguiendo cuatro pasos.

1. Emprende tu MONOPOLIO DE SUPERVACAS.

2. Haz gran publicidad a tu producto o servicio único, (no a ti).

3. Resuelve agresivamente los problemas de las personas que te pagan.

4. Haz informes detallados de cómo resolviste esos problemas.

Date cuenta que eres muy grande, y que una persona grande, como tú, no puede resignarse a perder en el juego.

Entra en un ciclo ganador de resultados en **DINERO, PRESTIGIO Y FORTALEZA**.

Y considera esto: ***Comparte lo que has aprendido aquí.***

Ahora tienes estrategias nuevas e ideas útiles. **No las atesores solo para ti.** ¡Mucha gente necesita lo que sabes!

No todas las personas que conoces podrán tomar un curso o entrenamiento presencial, ni todas lo requieren. Lo que sí requieren son los conceptos que tienes en tus manos. **Explícalos. Difúndelos. No te quedes con ellos.**

Si un libro te ha servido, préstalo o regálalo y compra otro para tu colección.

La gente ya no da buenos regalos. Pero tú eres diferente.

Haz que todo lo que aprendiste, fructifique. Que el mundo sea mejor porque tú pasaste por aquí.

Dile a tu amigo, a tu familiar, a la persona a quien aprecies: La vida da muchas vueltas y el mundo cambia a pasos agigantados. Has quedado bajo la superficie. EMERGE O MUERE.

37

¿Y Mari Jose? ¿Está contigo, papá?

Dejo el libro y me pongo de pie. El cerebro trabaja mejor si se estimula con movimiento. Me falta activación. Comienzo a saltar pasando de ritmo uno a cinco. Un minuto para cada nivel. Lo hago tres veces. Después de quince minutos, percibo con asombro que, en efecto, recupero energía y pierdo ansiedad.

Alguien abre la puerta de mi celda. Es el licenciado Cano. Sonríe.

—Doctor Benítez —me dice a modo de saludo—, está libre; vámonos de aquí.

Son cuatro personas las que han venido a celebrar mi libertad. El licenciado Cano, mi padre, Azul Massenet y Carlos Lisboa. Una comparsa pequeña, pero completa. No necesito a nadie más. A excepción de...

—¿Y Mari Jose? —pregunto—. ¿Está contigo, papá? No la entregaste ¿verdad?

La respuesta de mi padre es lenta, titubeante, casi como si estuviese eligiendo las palabras. Opta por una salida tangencial.

—Vamos al restaurante que está ahí en frente, cruzando la calle. Tomemos un café. Hay mucho que platicar.

Mi alegría natural por estar libre de nuevo se desploma. Entiendo que la guerra no ha terminado. En todo caso, está en su apogeo.

—El proceso judicial va muy bien —dice Ernesto Cano—. Hicimos la exposición de motivos por los cuales usted se vio forzado a sacar a la niña de esa casa, y tuvo que defenderse de la cuidadora. El lunes se harán las comparecencias finales. Conseguimos que testifique Ada, la antigua nana.

—¿Dónde está mi hija? —exploto y acompaño mi pregunta con un manotazo sobre la mesa.

—En un albergue infantil —responde mi padre—. El mejor albergue. Tenemos contactos ahí. Conseguimos que Ada volviera a estar con ella. También nos permitieron la vigilancia de dos mujeres policías.

—¿Vigilancia de policías? ¿Mari Jose está en peligro?

—En realidad, no —dice el abogado—. A quien estamos salvaguardando es a Ada. (Y a la niña, por supuesto, de paso). Ada está entrando a un programa de testigos protegidos. Ella fue amenazada. Se escondió. De hecho a nosotros nos cerró las puertas por completo. La licenciada Azul Massenet fue quien consiguió hablar con ella y convencerla de que declarara. Somos un equipo.

El mesero ha traído los cafés que ordenamos. Tomo el mío casi con desesperación. Necesito algún líquido que me despegue la lengua del paladar. Está muy caliente. Me quemo los labios.

A mi lado derecho en la mesa se encuentra Lisboa; al izquierdo, Azul.

—Por lo que puedo entender —dice Carlos Lisboa tratando de sonar optimista—, todo va bien. Después de una tormenta, las aguas toman su nivel. Solo es cuestión de tiempo.

—Quiero ver a mi hija —insisto.

—Espere unos días —reitera Ernesto Cano—. Esta pesadilla se va a terminar. Usted mismo tendrá que declarar. De la forma más detallada que le sea posible. El nuevo modelo de juicios semiorales aún está regido por la presentación de argumentos escritos, pero también comprende la audiencia presencial.

Azul pone sobre la mesa mi libreta de apuntes que le entregué en cuanto la vi.

—El doctor Benjamín lleva tres días escribiendo su testimonio. Mire esto, abogado. Seguro va a servir.

Cano toma la libreta.

—Maravilloso —la hojea y ladea la cabeza como queriendo recular—. Aunque es mucho material. Déjeme leerlo para subrayar lo importante.

Azul pone una mano sobre mi pierna. Siento su caricia como un bálsamo de paz. Bajo mi mano y la enlazo a la suya. Es increíble la forma en que me consuela su presencia. Pero algo pasa. De repente, aparta el contacto como si hubiese recibido una descarga eléctrica. Incluso separa su cuerpo del mío. Ha entrado al restaurante un hombre alto, de lentes, con gabardina larga color beige.

Azul se pone de pie y dice con nerviosismo evidente:

—Les presento a mi esposo.

Romeo Prieto nos saluda de mano a todos.

—¿Me dejan unirme un minuto a su celebración? —acerca una silla y se acomoda junto a su esposa—. ¡Azul me comentó que usted había salido libre!, doctor —se dirige a mí—. Felicidades. Esperamos que esto sea el inicio del fin de todos los problemas que nos han golpeado —habla en primera persona, como si también él hubiera sido golpeado por mis problemas—. Estamos preparando un artículo, digamos, de victoria, en la revista para cuando sea el momento... Por otro lado —se dirige ahora a mi padre—, nuestro equipo ya tiene pistas del origen de los ataques. El agresor en internet es un médico del mismo hospital.

—¿Saben su nombre? —pregunta papá.

—No todavía... Pero ya descubrimos de dónde han salido algunos de los *posts*.

El rostro de mi padre se vuelve taciturno y pensativo. Al terminar la cena, camina con torpeza hasta Romeo Prieto. Lo toma del brazo y se separa del grupo con él. No tiene la paciencia para esperar confirmaciones. Necesita saber de quién se está sospechando. Todos observamos la escena con discreción. Prieto le habla al oído. Mi padre casi se va de espaldas.

—Eso es imposible —murmura.

38

No traigo traje de baño

Como un preso que celebra haber salido de la cárcel (aunque hayan sido solo setenta y dos horas), al día siguiente me levanto casi a medio día. Aplico los pasos de la *Implementación productiva*. He dormido bien. Subo a la bicicleta fija que está en mi recámara, hago ejercicio en RP3 y 4, y 5; luego desayuno (por la hora, ya es almuerzo); tomo un baño larguísimo y aprovecho para orar; soy nuevo en esta aventura de dirigirme al Creador. Luego me siento unos minutos frente a mi agenda para planear el día. Miro el reloj y calculo mis tiempos. Aunque es sábado, quiero trabajar, con orgullo y pasión, volver a sentirme vivo.

Voy al hospital y me incorporo al trabajo con entusiasmo. Es fácil. La oleada de emergencias y pacientes quejumbrosos de fines de semana me levanta como surfista experto.

En cuanto tengo un respiro, voy a la oficina de Azul. Era de esperarse. Está cerrada. Le mando un mensaje al celular.

»Amiga. ¿Estás bien? Estoy preocupado por ti.

Me contesta casi al instante, economizando información.

»Sí. Estoy bien. ¿Y tú?

Tengo ganas de darle las gracias por su apoyo moral, por lo que me enseñó, por lo que ha significado para mi vida; pero, sobre todo me gustaría preguntarle si necesita ayuda.
Tecleo.

»Quiero verte.

Espero unos segundos su respuesta.

»¿En dónde?

»En mi casa. Ya puse luz en la fosa de apnea.

Tarda en contestar. Al fin escucho el sonido del mensaje.

»Mándame la ubicación. Llego en media hora.

Corro al estacionamiento.

—¿Por qué te llamas Azul?

—Era el color favorito de mis padres.

Nunca había escuchado que alguien nombrara a sus hijos con esos parámetros.

—Qué bueno que el color favorito de tus padres no era mostaza o marrón.

Ríe.

—¿Por qué te llamas Benjoben?

—Porque tú me pusiste así.

Estamos solos, en el comedor formal de mi casa, comiendo botana y tomando una copa de vino chileno.

—Cuéntame de tu esposo, Azul. ¿Por qué le tienes miedo?

—No le tengo miedo.

—Te pusiste nerviosa cuando llegó al restaurante.

—Me sorprendí al verlo. Eso es todo.

—¿Cómo supo dónde estabas?

—Yo se lo dije. No le oculto nada. Tenemos mucha comunicación.

—Entonces ¿por qué te sorprendiste al verlo?

Empina la copa de vino, como para hacer tiempo en su respuesta.

—Es muy inteligente, y ha descubierto que entre tú y yo hubo más que una amistad.

—¿Te maltrata?

—Si ser sarcástico y frío como témpano de hielo se puede considerar maltrato... —carraspea—. Sin embargo, en cuestiones de trabajo me ayuda mucho. Somos un equipo.

Conjeturo:

—Tu esposo te reclama por todo, te trata de intimidar y nunca te abraza. En resumen, es un pésimo compañero, pero en el trabajo te ayuda.

Azul me mira. Ella y yo nos adivinamos las ideas sin palabras. Desde que nos conocimos fue así.

—En octubre ya no debería llover. ¿Tienes frío?

—Sí.

—¿Quién te lastimó?

—Mi mamá...

—¿Qué te hizo?

—Se volvió a casar. Con un hombre malo. Parece bueno, pero cuando lo conoces... cuando vives con él...

—Tu padrastro; abusó de ti... o quiso hacerlo.

—Cambiemos el tema ¿quieres? —dice—, me ibas a enseñar tu fosa de apnea.

—Claro, vamos —nos ponemos de pie—. Déjame mostrarte primero el cuarto de mi estrellita.

Estoy nervioso, no sé por qué. Ella es el amor de mi vida, y yo el de la suya. Pero eso no modifica la realidad. Nuestra unión es imposible, caduca, de una época lejana.

Le presumo el cuarto de Majito. La casa de muñecas que le hice; sus muchos juguetes y peluches.

—Cómo debe de extrañar todo esto tu niña —comenta.

—¡Ni me digas! Solo de pensarlo siento que me muero.

Seguimos caminando. Llegamos a la alberca.

—Pasa.

Cierro la puerta del cuarto para que pueda apreciar el hermetismo.

—Dijiste que habías arreglado la luz.

—Lo hice. Hay poca, a propósito. También es un sitio aislado. Muy silencioso. Todo está diseñado así. Ven. Siéntate aquí —la llevo hasta la banca de madera—. Disfruta la paz de este lugar.

Obedece. Cierra los ojos. Aprovecho para acariciarle la mejilla con el dorso de mi mano. Ella recibe el contacto apretando los párpados, como si recordara vibraciones de quince años atrás.

Me aproximo a ella. Le susurro al oído tan cerca que el aire de mi respiración la estremece.

—Te he extrañado, Benjoben.

Sigo respirando en su oreja sin tocarla.

—Azul. Tú eres una mujer casada. Lo tengo muy claro. Y no puedes arriesgarte a cometer adulterio.

Se aparta, como si le hubiese dicho un improperio.

—Tienes razón. Salgamos de aquí.

—No, espera —la tomo de la mano—. Yo no estoy tratando de seducirte; no pretendo que tengamos relaciones sexuales, pero me gustaría que me permitas tocarte con ternura...

Regresa despacio a su posición, moviéndose como un cachorro, a la vez hambriento y asustado.

—¿Para qué?

—Para disfrutarnos sin hacernos daño. Como en aquella época.

En la universidad, fuimos expertos en besarnos despacio y con suavidad. Eso caracterizó nuestro noviazgo.

—No estoy segura.

—Déjame acariciarte y abrazarte, como nunca nadie (más que yo) te ha abrazado y acariciado. Solo unos minutos.

Ella vuelve a cerrar los ojos.

Comenzamos a jugar como lo hicimos años atrás.

Pasamos el roce suave con las yemas de los dedos en todo nuestro cuerpo. Susurramos elogios al oído y en el cuello; terminamos usando los labios no solo para balbucear palabras cariñosas, sino para besarnos con dulzura a flor de piel. Luego, nuestras bocas se unen jugueteando con el movimiento manso de la piel flexible que no se resigna a separarse.

Susurro:

—¿Quieres aprender a hacer apnea?

—¿Mande?

—El agua está tibia.

—No traigo traje de baño.

—Podemos meternos sin ropa.

39

¿Ya me perdonaste?

Mi sugerencia desmandada nos lleva a seguir besándonos con intensidad.

Para dar la pauta y el ejemplo de lo que debe ocurrir, me pongo de pie y me quito la camisa.

Desnudo de la cintura para arriba, le doy las manos como invitándola a seguirme.

—¿Vamos?

Ella agacha la cabeza sin responder. Resuella. Trata de recuperar el control de sus instintos; luego cambia el tono de su comunicación, como si quisiera ponerme a prueba, antes de unirse a mi fiesta.

—Benjo, ¿por qué me abandonaste?

—¿Cómo?

—Tú fuiste mi salvavidas en una época en la que yo me estaba muriendo. Me ayudaste a salir de la depresión cuando más lo necesitaba. ¡Y después me abandonaste!

Me doy cuenta de que las circunstancias están tomando otro giro. Regreso junto a ella y me doy tiempo para recobrar el aliento.

—Fue un error —acepto—. El peor error de mi vida.

—Después de que nos vimos aquella noche —explica como si no me hubiese escuchado—, cuando se derrumbó el cerro cerca de la universidad, me prometiste que estarías conmigo toda la vida. Y no fue así.

—Yo era un inmaduro. Me dejé impresionar por el encanto de París.

—Y de las francesas.

—Discúlpame.

—¡Me hiciste mucho daño, Benjamín! —noto en su inflexión un repentino contraste de rencor viciado—, me fuiste infiel, ¡y lo dijiste con todas sus letras! Pusiste como excusa que éramos buenos amigos, y nos podíamos contar todo. Pero en realidad, cuando me platicaste de tus aventuras amorosas, me clavaste un cuchillo en el alma.

—Tú también me fuiste infiel, Azul. Casi inmediatamente después. ¡Y también me lo dijiste con todas sus letras!

—Sí —su semblante ha adquirido una melancolía lóbrega, acentuada por la luz ambarina del lugar—. Yo trabajaba en el hospital; me la pasaba llorando por los rincones; conocí a un médico muy amable que me vio abatida; aprovechó mi condición de abandono para seducirme —levanta la emoción de sus frases a un nivel mayor—. Y claro, yo también me presté a su juego. Pero ¡lo hice por despecho!, ¡por dolor!, ¡por soledad!, ¡y por un arranque feminista de igualdad! ¡Sin embargo, fuiste tú el que me empujó a los brazos de ese médico!

—¿Quién es él? ¿Todavía trabaja en el hospital?

—Eso qué importa.

—¿Cómo se llama?

—¿Para qué quieres saber? No tiene caso, Benjo. Cuando te confesé lo que había hecho, terminaste conmigo. Ni siquiera me llamaste. Solo me dijiste con mensajitos de celular que lo nuestro había llegado a su fin. Y te desapareciste. Así que regresé con el doctor y estuvimos juntos unos meses hasta que descubrí que era casado —muerde las palabras con vestigios de una ira que no ha terminado de extinguirse—. ¡Tenía esposa e hijos, el desgraciado! En el fondo me sentí bien de poder terminar con él. Porque yo te esperaba a ti… Sabía que regresarías. ¡Aquí pertenecías! Y sabía que cuando nos viéramos frente a frente podríamos jugar a acariciarnos, y se despertaría en nosotros la fuerza magnética que nos ha unido siempre.

—Lo siento —mi sentir es legítimo; nunca encontré otra mujer como ella—. Terminando mi especialidad me tomé un año sabático para conocer el mundo como mochilero.

—Sí, Benjo. Y yo me cerré a cualquier otra relación, con la esperanza secreta de que tú volvieras. Y lo hiciste. ¡Al fin! Pero acompañado de una novia embarazada… Te casaste con ella cuando su gravidez era más que obvia. Yo estuve en tu boda. Hasta atrás. Llorando tu partida definitiva.

—Y después también tú te casaste con Prieto —concluyo, y la conclusión es patética—, el redactor de la revista que ahora te cela y te maltrata.

Hemos perdido toda excitación y deseo de abrazarnos.

—Es tarde —dice—, me tengo que ir.

—Dime una cosa —pregunto a manera de despedida—, ¿ya me perdonaste?

—La verdad, no —su respuesta me deja frío—, a veces todavía tengo ganas de vengarme y acabar contigo…

—¿Hablas en serio?

Ríe a carcajadas.

—Ay, Benjoben. Hace mucho tiempo te perdoné.

40

Pudieron morirse los dos, o ninguno

Es lunes. Tres de la tarde. Estamos en el nuevo edificio de juzgados. Soy llamado a comparecer. La sala es pequeña, rectangular, como aula universitaria.

El tribunal de enjuiciamiento, integrado por tres jueces, está al frente. A mi lado, el abogado defensor, atrás, la policía investigadora y el ministerio público (quien hace las veces de fiscal). No hay miembros del jurado, como en las películas americanas, pero sí un público frugal de ocho o diez personas, entre las que se reúnen peritos, testigos y curiosos.

—¿No va a venir la señora Julia? —le pregunto a Ernesto Cano por lo bajo.

—No. El delito que nos imputan se persigue de oficio. Los querellantes ya presentaron sus pruebas.

Paso al frente con mi libreta de apuntes para hojearla, por si olvido algo (el abogado ha resaltado algunas frases con marcador fosforescente), pero a la hora de la verdad, ni siquiera volteo a ver la libreta. Platico mi historia con detalle, tal como la escribí durante los tres días de aislamiento. No trato de ocultar ni de maquillar mis errores. Me muestro transparente, legítimo, sin máscaras. Para mi sorpresa, el tribunal de enjuiciamiento me escucha con atención y sin interrumpirme. Termino después de veinte minutos. No me hacen preguntas. Tomo asiento.

La señora Ada López es llamada a declarar. Parece más arrugada y enjuta de lo normal. Mira a todos lados con recelo, como si temiera la presencia de algún enemigo dispuesto a lastimarla.

El licenciado Ernesto Cano se hace cargo del interrogatorio.

—¿Desde cuándo conoce usted a la pequeña Mari Jose?

—Uy, pues desde que nació. Yo trabajaba en el hospital; de enfermera. Mi jefe era el doctor Benjamín. Él me pidió que fuera a ayudarle con su bebé. Como la señora Barbie trabajaba todo el día en lo de modelaje y esas cosas, y además no tenía mucha paciencia, pues yo me hice cargo de cuidar a la nena, Majito, así le decimos, y pues acabé renunciando al hospital.

—¿Cuánto tiempo pasaba con la niña?

—Uy, mucho, llegaba a las ocho y me iba a las ocho, como doce horas diarias. La cuidaba, y supervisaba sus terapias. Diario venía a verla por lo menos una terapeuta de lenguaje o aprendizaje que el doctor mandaba, y la nena acababa muy cansada. Ya en la noche yo la dejaba bañada y cenada, pero a veces me quedaba a dormir con ella, cuando se enfermaba o cuando la señora Barbie estaba de malas.

—¿Qué hacía la señora cuando estaba de mal humor?

—Regañaba a Majito y le pegaba por cualquier cosa.

—¿Alguna vez vio al doctor pegar o regañar a la niña?

—No, él era todo lo contrario. La consentía demasiado. A veces pasaban horas juntos, rascándose la cabeza. Los dos. Era chistoso. Majito solo hacía eso con él. Aunque lo malo era que el doc casi nunca estaba. Trabajaba todo el día y a veces también en las noches.

—¿Y a usted le gustaba cuidar a la niña?

—Sí; ya es como mi hija. Le he enseñado cosas de motricidad; por ejemplo, a dibujar con música. Le encanta la música.

—¿Ella se daba cuenta de que sus papás no se llevaban bien?

—Sí, claro. Cuando se peleaban, se ponía a llorar.

—¿Y en alguna de esas peleas usted llegó a escuchar que el doctor amenazara de muerte a su esposa?

—No. Nunca.

—¿Y ella a él?

—Tampoco.

—El día del accidente, ¿qué vio?

—Ellos iban en su coche. Adelante del mío. Se detuvieron. Estaban discutiendo. La niña abrió la puerta y se echó a correr por la carretera. La señora Barbie fue tras ella, la alcanzó y la agarró del pelo; la jaló y volvió a meterla al coche. Luego vi como que todos estaban manoteando. Fui por la niña y cuando abrí vi que sí, el señor y la señora se estaban pegando entre ellos. Majito tenía sangre en los labios. El señor estaba todo arañado y la señora gritaba como histérica. Saqué a la niña de ahí, y me la llevé a mi coche. Fue algo muy feo. Luego ellos se arrancaron y más adelante chocaron.

—¿Y usted cree que el doctor volcó el auto a propósito?

—No. Para nada. Ellos chocaron porque iban enojados y porque rebasaron mal. Pudieron morirse los dos, o ninguno. Eso fue suerte. Como la de los del otro coche que se encontraron en sentido contrario que no les pasó nada.

—Después del accidente, usted se fue a vivir con la niña Mari Jose a casa de la señora Julia Soberón. En esa casa, ¿cuántas horas trabajaba, quién le pagaba y cómo fue su experiencia?

Ada se queda callada. Voltea a ver a la audiencia como si de pronto recordara cosas que no debe decir. El abogado la tranquiliza.

—Puede comentar todo lo que sabe. Aquí está segura. Por favor. Háblenos de su experiencia en esa casa.

Ada mueve la cabeza, tose, agacha la cabeza, entrecierra los ojos y comienza.

41

Asha, asha, lárguese de aquí

Cuando llegué con doña Julia, el doctor Benjamín me siguió pagando. Me depositaba mi sueldo, cada semana. Desde el primer día, Majito y yo sentimos que esa casa tenía como mala vibra. Solo había focos en las recámaras, pero en los pasillos y en la sala, no. Estaba siempre a oscuras, porque tampoco había ventanas. En lugar de vidrios había madera. No sé para qué. Yo no soy supersticiosa, pero ahí adentro se sentía como si alguien te estuviera viendo, aunque no había nadie. Cuando llegamos, Majito se abrazó a mi cintura y no me quería soltar. Lo bueno fue que la señora Julia nos mandó al cuarto de servicio de la azotea. Ahí, aunque estaba chiquito y no tenía muebles, el aire se sentía limpio. Yo no pude irme a mi casa, porque no me atreví a dejar sola a la niña. Al principio dormíamos las dos en el piso, pero luego convencí a doña Julia de que nos prestara un colchón y una televisión. El problema es que casi no nos daba de comer. Y por mí estaba bien porque me hace falta ponerme a dieta, pero la nena se quedaba con hambre. Yo solo iba a mi casa en las mañanas, mientras Majito iba a la escuela. Pero en las tardes y noches no me le despegaba. Ya no tenía la ayuda de las terapeutas de lenguaje y aprendizaje de antes, porque a esa casa ya no iban. Yo la quería entretener y a veces la llevaba al parque y le compraba algo de comer, con lo de mi sueldo. Luego regresábamos a la casa y casi siempre encontrábamos a un señor platicando con doña Julia en la cocina. Ese señor la visitaba muy seguido y era raro, y tenía mirada fea. No me gustaba. Una vez Majito y yo entramos a la cocina a tomar agua, cuando estaba ese señor, y doña Julia nos corrió como si fuéramos perros. Dijo asha, asha, lárguense de aquí. Nunca se sabía si te iba a tratar bien o mal. Y la niña se ponía muy nerviosa con la señora. Una noche pasó algo rarísimo. El doctor Benjamín vino a visitarnos. Aunque eso no estaba permitido, lo dejé pasar porque a Majito le iba a dar mucho gusto ver a su papá. Y así fue. Vieron la televisión y se pusieron a rascarse la cabeza todo el tiempo. A mí me conmovía ese cuadro porque era injusto que estuvieran separados. Cuando el doctor salió, casi lo descubre la señora, pero gracias a Dios, no. El problema fue al día siguiente. La niña se puso como loca, preguntando por su papá. Yo le expliqué, no debes decirle a nadie que tu papá vino, porque lo pueden castigar, porque vino a verte sin permiso. Pero ella no paraba de llorar y preguntarme, por qué mi papá no tiene permiso de verme. Y le dijo a doña Julia, quiero que regrese mi papá, ayer vino a verme, por qué no le das permiso. Y así fue como la señora se enteró de que yo había dejado pasar al doctor. Entonces la señora me corrió, me dijo, estás despedida. Pero yo no me quise ir. Le dije, usted no me manda, porque el que me paga es el doctor y porque los policías a mí me dijeron que yo soy la encargada de cuidar a Majito. Y entonces la cosa se puso más fea. La señora Julia nos dijo, ya no quiero que duerman en el cuarto de servicio, porque tengo que vigilarlas, no vaya a ser que vuelvan a meter a otra persona. A mí me obligaba a estar en el sillón y a la niña en un cuarto que es como bodega, llena de cajas y cosas, en una cobija en el suelo. Pero como Majito lloraba, le empezó a dar pastillas para dormir. Y la tenía dormida mucho tiempo. Entonces, cuando el señor que siempre venía a la casa se ponía a platicar con doña Julia en la cocina, yo dejaba la televisión prendida y los espiaba… Y me di cuenta de que eran amigos desde hacía muchos años y que ese señor le había hecho campañas de publicidad a la señora Barbie, en paz descanse, cuando vivía. Pero también me di cuenta que era muy bueno para la computadora, y siempre traía su laptop, y le enseñaba cosas a doña Julia. Y pude comprobar mis sospechas de que era malo. Porque se la pasaba presumiendo de cómo ponía escritos en internet en contra del doctor Benjamín. Y me acordé que el doctor se quejaba mucho de que alguien lo atacaba y entendí de que todos los chismes y comentarios feos los había puesto ese señor. También me di cuenta de que aconsejaba a doña Julia sobre cómo meter a la cárcel al doctor Benjamín. Un día me cacharon espiando y se enojaron mucho. Doña Julia me dio una cachetada y después me dijo, qué oíste, si dices algo, le va a pasar algo a tu familia. Y yo contesté, no oí nada, pero de todas maneras yo ni tengo familia, mis hijos se fueron a Estados Unidos a trabajar hace mucho y ni siquiera sé dónde están, pero ustedes, si siguen haciendo cosas malas les va a ir mal, porque en esta vida todo se paga. Y entonces el tipo me agarró muy fuerte del brazo hasta que me hizo gritar y me dijo, cállate vieja tonta, porque no sabes ni con quién te estás metiendo. Y fue cierto, porque yo vivo con mi hermana que es más vieja que yo, y unos días después, a mi hermana la atropellaron. De puro milagro no la mataron. Estuvo en el hospital de gobierno con unas costillas rotas y golpes. Entonces sí. Me dolió mucho pero tuve que dejar a Majito sola… Aunque no podía dormir de la preocupación. Y una noche le mandé un mensaje al doctor Benjamín en el celular. Le escribí. Por favor, hable con doña Julia, como para que tratara de hacer las paces, porque es muy feo tener ese tipo de enemigos. Y eso fue todo. Lo demás, creo que ya se lo saben.

42

Emerge o muere

Esta noche sufro un insomnio pertinaz. Me la paso haciendo apnea.

Debajo del agua trato de razonar. El equipo de investigación de mi padre ha descubierto que algunos de los ataques hacia mí y hacia el director provinieron, ¡ni más ni menos que de la misma oficina del director! Por eso cuando mi papá se enteró de que el agresor podía ser alguien muy cercano a Avellaneda, se fue de espaldas y murmuró: "No puede ser". ¿Quién podrá querer derrocarlo? Hago un repaso mental de todos los médicos cercanos a él. No encuentro a ningún sospechoso. ¿Y si todo lo ha organizado el mismo Avellaneda? Pero Ada conoce muy bien al director del hospital y nunca se refirió a él cuando testificó. Solo habló de un señor "raro con mirada fea". La descripción que dio no corresponde a nadie conocido.

De cualquier manera, con los nuevos datos, ahora nuestro abogado ha interpuesto una demanda contra la señora Julia y cómplices. Tenemos todo para procesarla y meterla a la cárcel. No cabe duda que la vida da muchas vueltas.

En cuanto a Mari Jose, todavía tengo que esperar el fallo definitivo del juez. Dijeron que tardaría dos días a lo sumo.

Miro el cronómetro. Llevo cuatro minutos bajo el agua sin respirar. Un minuto más y habré alcanzado mi récord en ciudad. Y en esa fosa. Siento que me estalla la cabeza. Todo me da vueltas. Mi corazón se está deteniendo; casi lo puedo escuchar; los ojos se me salen de sus órbitas. Apenas me quedan fuerzas para quitarme el cinturón de plomo. La somnolencia me invade. Estoy a punto de perder el conocimiento.

Si caigo en síncope, moriré ahogado.

Levanto la cara.

Este soy yo.

Esta es mi realidad.

Digo para mis adentros la frase insignia del curso: *La vida da muchas vueltas y el mundo cambia a pasos agigantados. Has quedado bajo la superficie. EMERGE O MUERE.*

Luchando contra la caída en el plácido tobogán del desmayo, apenas logro empujarme con las piernas.

Subo a la superficie y alcanzo a llegar para dar la bocanada de aire.

Miro el cronómetro. Cinco minutos y un segundo.

Me quedo flotando por un largo rato.

43

¿Usted reconoce su culpa?

Dos días después, me estoy poniendo traje y corbata, preparándome para la sesión del Cuerpo Colegiado de Médicos Cirujanos, cuando recibo la llamada del abogado Ernesto Cano.

Salto al teléfono y trato de contestar con rapidez. Hago malabarismos. Casi se me cae al escusado el aparato.

—¿Hola? ¿Abogado?

—¡Buenas noticias, doctor! Ha sido absuelto de todos los cargos en su contra, ¡y su hija regresará a casa hoy!

Me quedo sin habla. Doblo mis rodillas despacio hasta quedar en cuclillas. Dejo caer el celular a un lado. No puedo contener las lágrimas. Hace mucho que no lloro. Al menos no así.

—Gracias, Dios mío... —sollozo.

Luego recupero la llamada. El abogado sigue ahí. También le doy las gracias. Dice:

—Me enteré que hoy se va a reunir el Cuerpo Colegiado para evaluar su situación profesional.

—Así es.

—Que tenga suerte, doctor.

El auditorio del hospital se ve lleno. Otra vez. Por un lado me siento feliz, casi eufórico por la noticia que me dio Cano hace unos minutos, pero por otro lado, la ecuación no estará completa si fracaso en el veredicto facultativo. Me trueno los dedos con ansiedad.

De nuevo han puesto una silla aislada al centro del escenario. Voy hasta el doctor Olegario, coordinador del evento. Le digo:

—No voy a sentarme en esa silla. Necesito un podio para poner mis apuntes y defenderme de pie.

—Lo siento. Solo hay un podio. Pero puede hablar de pie, si lo desea.

Inicia la sesión con la liturgia protocolaria. Olegario lee un resumen de mi caso y después se dirige a mí.

—Doctor Benítez, estamos aquí reunidos para evaluar la posibilidad de que le sea devuelta su licencia para el ejercicio de su profesión. Sabemos que fue declarado inocente de las acusaciones penales que obraban en su contra, y que concluyó la terapia centrada en soluciones, del Centro de Entrenamiento Timing. Por todo lo anterior, queremos que nos diga qué aprendió en este tiempo de cese, y si se considera capaz de volver a ejercer como cirujano.

Han puesto mi micrófono en un pedestal. Me acerco. Lo levanto a mi altura. Le doy un par de golpecitos con los dedos para comprobar que está encendido. Comienzo.

—Dicen que se aprende más del fracaso que del éxito —carraspeo; trato de ecualizar mi timbre de voz—. Y yo he nadado en el fango del fracaso; así que he aprendido mucho —se escuchan murmullos solazados—. Para empezar, aprendí a ser humilde. Me costó trabajo, porque soy doctor igual que ustedes, y los doctores no reconocemos nuestros errores con facilidad. Desde la facultad, se nos mete en la cabeza que somos más inteligentes que la mayoría (porque lo somos) y que nuestro trabajo es más importante que ningún otro (porque lo es) —hay risas difusas—. Y así vamos por la vida enseñándole a vivir a los demás. Creyéndonos dioses. Incluso los médicos que sufren enfermedades terminales se van a la tumba con la altivez de creer que saben, mejor que nadie, lo que los está matando.

Esta vez las risas son más francas y generales.

Olegario me interrumpe.

—Explíquenos. ¿Cuáles fueron los avances que logró con el entrenamiento M.E.R?

—¿Van a hacerme un examen de conocimientos?

—Bueno, todos sabemos que usted es un cirujano muy capaz; lo que lo trajo hasta aquí fue un problema relacionado, digamos, con ideas imprácticas y manejo de emociones.

—De acuerdo —concedo—. Tiene razón. Yo jamás había pensado que todo lo que hiciera debía generarme resultados; en concreto, dinero, prestigio y fortaleza. Aprendí a enfocarme. Tuve que borrar de mi memoria lo que me estorbaba; desprenderme de mis bienes materiales del ayer, mis amigos y familia del pasado. Tuve que hablar conmigo hasta convencerme: *Empieza desde aquí, como si fueras una persona recién creada, sin memoria, pero con experiencia, madurez y fuerza.* Aunque se dice fácil, no lo es. También trabajé con el recuerdo de mis errores. Vi su monstruosa sordidez, acepté pedir perdón, subsanar el daño y pagar el costo del mal que ocasioné.

Olegario aprovecha el callejón en el que me acabo de meter.

—¿Usted reconoce que ocasionó mal? ¿A quién? ¿Y cómo pagó los daños?

—Bueno, todos aquí saben que hice una laminectomía en la vértebra lumbar equivocada, quitando láminas y articulaciones interapofisarias sin realizar la artrodesis instrumentada que se requería; también saben que el doctor Avellaneda corrigió mi error y que el seguro del hospital pagó la indemnización. Por mi parte pedí una disculpa personal a cada uno de los miembros de mi equipo por haberlos tratado de responsabilizar de mi equivocación. También me disculpé con el afectado, con mi padre, y con mi hijita... Después de eso, emprendí el proyecto *Medical Hugs*, y creé una asociación dedicada elevar la calidad de la atención médica y el trato a los pacientes.

—A ver, doctor Benítez —Olegario interrumpe con tonillo provocador—, ¿cree que los errores se arreglan pidiendo disculpas y abriendo fundaciones de ayuda a gente distinta a la que afectó?

—Sí. Lo creo. No siempre podemos resarcir el daño a quienes lastimamos, pero siempre podemos beneficiar a otras personas en vulnerabilidad. Nuestras deudas morales son, en realidad, con la vida misma. Y el proyecto *Medical Hugs* ha cambiado la atmósfera de atención a los pacientes en el hospital.

—¿Y eso lo exime de sus culpas?

—Claro. Las culpas que se pagan, se entierran y se olvidan. Ahora soy un médico diferente. Estoy propiciando nuevas experiencias exitosas porque no quiero que nadie piense en mí como el hombre de hace meses, callado, enojado, arrogante y con miedo. Yo ya no tengo miedo. Y una persona sin miedos se arranca de tajo las etiquetas malas de sus experiencias pasadas, creando buenas. Emprendí la asociación civil Medical Hugs utilizando el inventario de las riquezas que aún me quedaban: gente, activos, conocimientos, talentos. Gracias a mi princesa Mari Jose, una niña con síndrome de Down, tengo una sensibilidad especial para tocar el corazón de las personas, con caricias, con abrazos y con música. Compongo canciones, soy médico cirujano y buzo de apnea. He combinado todo eso para perfeccionar el proyecto que está fortaleciendo a este hospital. He llevado a los pacientes y familiares charlas de esperanza, canciones, campañas de abrazos y conferencias. Muchos han visto los posters y usan los *pins* con nuestro logotipo.

Me detengo. Respiro, agitado. Sé que estoy hablando demasiado rápido.

—¿Y usted pretende —pregunta Olegario con tono sarcástico—, cambiar a *todo el mundo* haciéndole ver la necesidad de un mejor ejercicio en la medicina?

—No —respondo al instante—. Yo solo quiero cambiar "mi pequeño mundo", con el que tengo contacto. Si aquí hacemos las cosas mejor, eso provocará que otros hospitales volteen a vernos y quieran competir con sus propios programas de calidad médica. Las empresas no adoptan lo que otras inventan, pero sí copian y perfeccionan los inventos de otros. Así es como avanza la humanidad: compitiendo. ¿Queremos ganar más dinero? ¿Sobresalir? ¿Ser reconocidos? Pues debemos competir; primero contra nosotros mismos... estableciendo números, fechas y parámetros medibles.

—Algunos piensan que su proyecto *Hugs* ha generado estrés. La gente ahora debe hacer más actividades, y eso ha perjudicado el clima laboral.

—¡Bravo, qué bien! El estrés dirigido a la acción no solo es bueno, sino necesario. Y si la gente hace más de lo que hacía antes, eso significa que está siendo más productiva.

Olegario me ordena terminar.

—Doctor Benítez, ¿qué corolarios nos puede dar del programa *Enfoque a resultados*?

—Que todos deberían estudiarlo. En esta y en cualquier otra empresa. A solas o en equipo. Aunque yo solo estudié los módulos de Productividad personal, hay otros sobre Comunicación, Equipo, y Liderazgo. Voy a tomarlos. Pero, hasta hoy aprendí a generar *potencia cinética*; es como activar el globo que usan los buzos de apnea profunda para emerger. Si no lo inflas, mueres; si lo haces, sales disparado a la superficie. Así me pasó a mí. Lo había perdido todo y solo tenía dos opciones: emerger o morir. Por eso, mi salvación fue aumentar de ritmo productivo; aprendí a elevar mis niveles de energía mediante un código de conducta. Me hice experto en aplicar rutinas de productividad, en términos generales indican que un buen día comienza el día anterior, que es necesario activarse a diario con ejercicios prácticos de autodisciplina y actitudes de poder; que debemos aprovechar el tiempo al máximo, porque el tiempo es nuestro activo de mayor valor, y si hacemos esperar a un paciente o proveedor, le estamos robando su activo más valioso... Entendí que hay tareas prioritarias que nos dan el ochenta por ciento de rendimiento. También aprendí que solo podemos considerarnos personas útiles en la medida en que resolvamos problemas. En fin. Este tiempo ha sido muy valioso para mí. Deseo, más que nunca, desempeñar mi profesión. Sé que puedo hacerlo con excelencia. Por lo cual, solicito a este Honorable Cuerpo Colegiado que me devuelva el permiso de ejercer.

El eco de mi arenga se queda unos segundos impregnado en el aire. Comienza la deliberación.

Hay movimientos de entradas y salidas al auditorio.

De pronto, mi corazón se acelera. Alguien muy importante acaba de llegar. ¡Es Ada, tomando de la mano a mi hija Mari Jose! El abogado Ernesto Cano las acompaña hasta unas sillas laterales en primera fila.

Majito me ve y quiere correr a abrazarme. Ada la detiene. La niña hace ruidos desesperados tratando de soltarse.

Pierdo toda concentración.

Olegario recita el bombo protocolario del Cuerpo Colegiado y Avellaneda da la conclusión.

Apenas escucho las últimas palabras.

—Puesto que el doctor Benjamín José Benítez ha demostrado que se ha estabilizado de forma integral y ha resuelto sus problemas legales, el presente Honorable Cuerpo Colegiado de Médicos Cirujanos, ha determinado que, a partir de este momento, podrá volver a tener su consultorio en la torre de especialidades médicas y le será devuelta su licencia para ejercer, sin restricción alguna.

El auditorio completo irrumpe en una ovación. Algunos de mis colegas aplauden de pie. Otros se acercan al frente para felicitarme. Se arma una romería. Varias enfermeras forman grupos que enarbolan los posters de Medical Hugs y me piden fotografiarme con ellas.

Majito se ha zafado de su nana y ha corrido hacia mí para pescarse a mi cintura. La levanto en brazos; me llena de besos. No quiere soltarme...

Volteo a ver a Ada, parada justo a mis espaldas, como si quisiera protegerse con mi cuerpo de algún atentado. Se ve pálida, casi cetrina. Tiene los ojos redondos como platos y en sus córneas saltonas se adivinan venitas con sangre.

—¿Qué le pasa, Ada? Parece que vio a un fantasma.

—Es él —me dice—. Tenga cuidado. Es él.

—¿De qué habla?

—El socio de la señora julia. El que me amenazó de muerte. El que escribe todas esas difamaciones y ataques contra usted. Es él. Está ahí.

—¿Dónde?

Se acerca a mí y lo señala discretamente.

Por un momento pienso que se ha equivocado.

—¿Está segura?

—Completamente.

Un escalofrío recorre lentamente mi espalda hasta la nuca.

El sujeto que ha causado tanto daño, el autor intelectual de mis problemas más grandes, quien envenenó a mi suegra, hizo pedazos mi matrimonio y casi acaba con mi carrera profesional, está sentado en medio del auditorio.

No lo puedo creer.

Es un hombre alto, de lentes, usa la misma ropa con la que lo conocí: una gabardina color beige.

Junto a él está su esposa.

Azul.

Ambos me miran.

44

En shock

Romeo Prieto me encara a lo lejos. Nos observamos como lo harían dos antiguos enemigos que han luchado a muerte con los ojos vendados, y se acaban de conocer.

Se levanta muy despacio, sin dejar de mirarme, toma el portafolio de su laptop, lo cierra, da la vuelta y sale caminando tranquilamente del lugar. Su esposa, Azul, se queda inmóvil, agachada, tapándose la cara con un puño cerrado.

Bajo del estrado buscando a Ernesto Cano. Llevo a mi niña de la mano. Le pido que vaya con su nana, luego me arrepiento, le digo que se quede. Ada se une a nosotros. Explica. La interrumpo. Yo explico. Mari Jose grita.

—Cálmense —nos dice el abogado—. Identificaron al hombre que denunciamos. Hay una orden de investigación contra él, por daño moral, amenazas y lesiones a la hermana de Ada. Pero nosotros no podemos detenerlo. Solo necesitamos ubicar donde está.

Siento un leve mareo. Veo que las paredes del auditorio se inclinan y giran un poco. Me tallo los párpados.

Su oficina es una computadora. Trabaja en cualquier lugar donde pueda teclear. Sobre todo en casa.

—Doctor Benítez, dice que usted lo vio; ¿sabe quién es?

Balbuceo.

—Firmaba sus artículos como *El vigilante incansable.* Me llamaba "ejemplo de oprobio y corrupción".

El doctor Benítez siempre ha creído que fue causante de la

muerte de su propia madre... Eso lo convirtió en un individuo inseguro e inestable.

—Sí pero ¿cómo se llama?

—Estoy en *shock*.

No eran mis hermanos ni mi padre quienes le daban información confidencial a mi atacante. Era Azul. ¡Ella sabía todo de mí!

Subo mis manos a la cabeza y cierro los puños jalándome los cabellos. Azul no vino a saludarme ni a felicitarme por el triunfo de haber recibido mi restitución. Se quedó sentada junto a su esposo porque tal vez no estaba contenta con el hecho de que me estuviera yendo bien.

—Dime una cosa, ¿pudiste perdonarme?

—La verdad no, a veces todavía tengo ganas de vengarme y acabar contigo...

¿Ella se alió con su marido para acabar conmigo? ¿Le hicieron creer a mi padre que alguien cercano a la dirección era el autor de los ataques, pero en realidad eran ellos?

Miro hacia las sillas del auditorio.

Azul ha desaparecido, también.

—Tengo que hacer algo —le digo a Ada—. Cuide a la niña.

Salgo caminando a toda prisa.

¡Me hiciste mucho daño, Benjamín! Me fuiste infiel... Me clavaste un cuchillo en el alma.

Azul no puede esconderse. Ni escapar. Ella es directora del Centro de Entrenamiento Timing. Maneja un programa de gran renombre. Y tiene sus oficinas aquí. Me dirijo a ellas.

Tú fuiste mi salvavidas. Me ayudaste a salir de la depresión cuando más lo necesitaba. ¡Y después me abandonaste!

La comprensión es dolorosa. Pero sigo sin ver todo el cuadro. Hay muchas contradicciones. Desde que comenzó mi viacrucis ella estuvo ahí, dándome ánimo y estrategias. Durante la terapia hizo lo mejor que pudo por ayudarme a recuperar la confianza y el poder que perdí. Incluso hizo mucho énfasis en el tema *Clasificación de enemigos* para explicarme cómo contraatacar. Esto es una locura. Algo no está bien.

El doctor tuvo una hija retrasada mental... Haber engendrado a una niña con esa tara, lo ha hecho una persona llena de odio y frustración...

Azul jamás habría avalado que su esposo publicara eso. Es una profesional de la psicología. Quiere y respeta a los niños con discapacidad.

Llego a sus oficinas e irrumpo empujando la puerta de cristal.

La recepcionista se sobresalta.

Pregunto:

—Azul Massenet ¿está en su despacho?

No le doy tiempo de contestar. Sigo de frente. Los cubículos de trabajo se encuentran ocupados. Camino por el pasillo hasta la última puerta. Abro, sin llamar.

45

La vida da muchas vueltas

Azul está de pie, atrás de su escritorio, como organizando papeles. Tiene el rostro bañado en lágrimas.

—Explícame —exijo—. No entiendo nada.

—Cálmate primero.

—No, señora. ¡Explícame! ¿Tú le dabas información confidencial a tu marido para que me desprestigiara? ¿Le decías cómo atacarme desde hace años? ¿Le aconsejaste que asesorara a doña Julia? —me acerco al escritorio poniendo las dos manos encima de sus papeles—. Maldita sea. ¡Él ha estado planeando con mi suegra cómo aplastarme! ¡Seguramente también fue el que hizo que me acusaran de homicidio doloso, y que me quitaran a mi hija! —siento el regusto ácido y abrasivo de un vómito que logro contener—. ¿Eres cómplice de él, Azul? ¿Mi mejor amiga? —estoy temblando—; ¿de frente me ayudabas y por la espalda me apuñalabas?

Ella ha dado un paso atrás, mirándome con el temor de un ciervo que ha sido acorralado por el tigre; aprieta los dientes y sus líneas de expresión se agudizan como si luchara por recuperar el aplomo. Respira hondo, da un paso adelante y también pone las manos sobre el escritorio.

—¿Me dejas explicarte?

—La vida da muchas vueltas, Azul, y el mundo cambia a pasos agigantados. Ahora tú quedaste bajo la superficie. Y no creo que puedas emerger. Más te vale que me digas algo razonable o la que va a tener que escribir su historia en una libreta, cuando esté en prisión, serás tú. Claro, junto a tu marido.

—A ver —me dice—, ¿podemos sentarnos y calmarnos?

—Prefiero estar de pie.

—Como quieras. Antes que nada, debes saber que yo no soy tu enemiga...

—Por supuesto —la interrumpo—. Mi enemigo es Romeo Prieto. Pero respecto a él, me dijiste. Palabras textuales. *Yo no le oculto nada. En cuestiones de trabajo, me ayuda mucho. Somos un equipo* —levanto el volumen y le pego a la mesa—. ¿Sí o no me lo dijiste?

—Ya basta —ella también alza la voz—, deja de gritarme, ¿quieres? No puedes tratarme así. Escúchame primero —jadea unos segundos y prosigue sin perder efervescencia—: Para tu información, fui yo la que busqué a Ada y la convencí de que testificara en contra de mi marido. También, para tu información, yo fui la que le tendí la trampa invitándolo hoy al auditorio sabiendo que ahí iban a estar Ada, el abogado y la policía —baja el volumen aunque continúa hablando con un rigor apremiante y presagioso—. Mi esposo tiene un problema de celos patológicos. Está tipificado como trastorno delirante celotípico. Los celos le afectan al grado de desquiciarse. Yo fui descubriendo su enfermedad con los años.Siempre revisaba mi ubicación en su GPS, me impedía vestirme con ropa atractiva, clonaba mis contraseñas del celular y correos para revisar mis mensajes, se enfurecía cuando yo platicaba con algún hombre fuera del ambiente de trabajo, inventaba que me acostaba con todos y se ponía histérico; escondía micrófonos y cámaras secretas para grabarme, y lo peor, me seguía a todos lados para espiarme, y se aparecía frente a mí sin avisar. Me ocasionó el delirio de ser perseguida. Ahora, antes de casarnos yo no sabía nada de eso y le hablé de ti; le dije lo importante que habías sido en mi vida, de cómo te esperé y de cómo, hasta esa fecha, te seguía queriendo. Él no me dijo nada. Como te comenté alguna vez, es muy hermético; sarcástico y frío como témpano de hielo; siempre está metido en la computadora, se la pasa escribiendo artículos, diseñando publicidad, programando. Dirige la revista médica y también es asesor de marketing. Hizo campañas corporativas del hospital en la época en que doña Julia trabajaba para tu papá. Ahí la conoció. Y ella lo contrató de forma privada con el fin de hacerle un trabajo de imagen pública a su hija Barbie. Ahora, escúchame y mírame a los ojos. Tú siempre me adivinas la mente. No te puedo mentir. Tienes que creerme. Yo no sabía que mi marido era aliado de las Julias. Me enteré hasta hace poco. Exactamente lo supe cuando tú y yo iniciamos el trabajo de terapia breve. ¡Todo salió a la luz, porque él se volvió loco! No soportó la idea de que yo trabajara contigo en un programa tan fuerte y a solas. Lo vi mal. Se puso mal. Un día lo sorprendí revisando tu expediente. Y tuvimos un gran problema. Aquí. En esta misma oficina. Pero son mis terrenos, y lo hice hablar... Me confesó que te había atacado desde hace años. Entonces me di cuenta de la gravedad del asunto. La patología delirante celotípica puede llevar a una persona a matar a otra. Por eso también le dicen *Síndrome de Otelo*. De hecho, ¿te acuerdas cuando cenamos juntos en la terraza y me invitaste a tu casa? Íbamos en el auto y yo me di cuenta de que él nos estaba siguiendo. Por fortuna detectaste mi turbación y dijiste que no había luz en tu casa o algo así... regresamos al hospital, y yo sentí un gran alivio... Decidí renunciar a trabajar contigo en el segundo módulo del programa. Y me fui de viaje un tiempo. Para calmar las cosas. Planeando cómo divorciarme sin afectar a mi hijo, y sin crear un efecto dominó contra ti. Finalmente, cuando saliste de la detención provisional y mi esposo se apareció, todo engreído, en el restaurante, para echarle la culpa a otra persona de los ataques, me enojé muchísimo. Yo no podía seguir atada a alguien que me manipula con temor. Yo soy una mujer exitosa y sí, había quedado bajo el agua. Tenía que emerger. No podía morir. Entonces acepté verte a solas en tu casa al día siguiente, a pesar de que estaba segura de que él me estaría vigilando...

Su voz, que comenzó enérgica y rigurosa explicando razones, ha terminado flexible y deferente, revelando emociones. Tomo asiento en la silla frente a ella. Me quedo un rato sin hablar. Por fin pregunto:

—¿Por qué siempre me dijiste que tú y él se llevaban muy bien?

—Para no dar pie a que surgiera entre nosotros algo arriesgado. Primero, ambos teníamos que poner en orden nuestras vidas.

—Pero me mentiste.

—Fue para no abrir una puerta peligrosa.

—Pues has dejado la puerta cerrada para siempre. No sé si pueda volver a confiar en ti.

—Ya lo sé.

—Una cosa más, Azul. Cuando tú y yo nos separamos, conociste a un médico seductor con el que tuviste una relación… y después descubriste que era casado… ¿También le platicaste a tu marido de él?

—Sí.

—Qué interesante —deduzco—. Durante años, no solo yo he recibido ataques terribles. Hay alguien más en el hospital que ha sufrido todo tipo de difamaciones y desprestigio por un agresor incógnito y venenoso. Nuestro director —hago una pausa para revelar—. Tú fuiste amante de Avellaneda…

No dice nada. Pero su silencio me da la razón.

Dejo mi silla y voy hacia la puerta. Ella me detiene:

—Benjoben. Amigo del alma —su voz es legítima, sincera, transparente; como la voz con la que me hablaba en los momentos de mayor intimidad—. El toque más poderoso no es al cuerpo…

Deja la frase a la mitad.

Completo:

—Sino al alma.

Ha comenzado a llover.

Es nuestra señal de saludo y despedida.

Salgo de su oficina sin tocarla.